Collins

AQA GCSE 9-1
French

Workbook

with audio download

Clive Bell, Karine Harrington,
Robert Pike and Vanessa Salter

Contents

Contents

Visit our website at **www.collins.co.uk/collinsgcserevision**
to download the audio material for the Listening Paper on pages 36–47
of this workbook.

Me, My Family and Friends

My Family, My Friends & Marriage and Partnerships

1 **Choisissez la bonne réponse à chaque question dans la case. Il y a quatre mots de trop.** Choose the correct answer to each question from the box. There are four words too many.

a) Qui est le père de votre mère? ....

b) Qui est la sœur de votre père? ....

c) Qui est le fils de votre frère? ....

d) Qui est le mari de votre sœur? ....

e) Qui est la fille de votre oncle? ....

f) Qui est la deuxième femme de votre père? ....

mon oncle	mon grand-père	ma grand-mère	ma tante	mon neveu
ma nièce	mon beau-frère	ma cousine	mon beau-père	ma belle-mère

[6 marks]

2 **Complétez les phrases pour décrire la personnalité de chaque personne. Utilisez la bonne forme des adjectifs dans la case.** Complete the sentences to describe the personality of each person. Use the correct form of the adjectives from the box.

Il est toujours .... et ....

Elle est toujours .... et ....

Il n'est jamais .... ou ....

Elle n'est jamais .... ou ....

agaçant(e)	aimable	de bonne humeur	de mauvaise humeur
égoïste	généreux / généreuse	gentil / gentille	heureux / heureuse
méchant(e)	patient(e)	pénible	sage sympa têtu(e) triste

[8 marks for logical use of adjectives and correct agreement]

3 Recopiez et complétez ces phrases sur votre famille et vous. Copy and complete these sentences about your family and you.

a) Je m'entends bien avec _____ parce qu'il / elle est _____.

b) Je ne m'entends pas très bien avec _____ , puisqu'il / elle _____.

c) Je me dispute souvent avec _____ , car _____.

[6 marks. Words for 'my' must be correct and adjectives must agree.]

4 Faites des lignes pour relier les deux parties de chaque phrase. Draw lines to connect the two halves of each sentence.

Ma meilleure copine est mince et …
Elle a les yeux noisette et les cheveux …
On se connaît depuis …
Elle est toujours honnête et elle n'est jamais …
On a beaucoup de choses en commun. On aime …
En plus, on a le même sens de l'humour, donc elle …
On se retrouve en ville tous les week-ends et on …

la même musique et les mêmes films.
me fait toujours rire.
un peu plus grande que moi.
jalouse ou fâchée contre moi.
noirs, courts et raides.
fait les magasins ensemble.
sept ans et on s'entend très bien ensemble.

[7 marks]

5 Écrivez une description de votre meilleur(e) ami(e). Attention à l'accord des adjectifs! Write a description of your best friend. Take care with adjective agreement!

_____

_____

_____

[10 marks]

6 Complétez les phrases, puis écrivez pour chaque phrase: P (pour le mariage) ou C (contre le mariage). Complete the sentences, then write for each sentence: P (for marriage) or C (against marriage).

a) Je préférerais _____ célibataire.

b) Je voudrais me _____ un jour.

c) Le mariage se _____ souvent par un divorce.

d) À mon avis, le mariage, c'est _____ démodé.

e) C'est mieux pour les _____ si on est mariés.

f) Il vaut mieux habiter _____ au lieu de se marier.

[12 marks: 6 marks for completing the sentences correctly and 6 for labelling them correctly P or C.]

Me, My Family and Friends

Social Media & Mobile Technology

1 **Complétez les phrases, en utilisant les bons verbes de la case. Il y a trois verbes de trop.** Complete the sentences, using the correct verbs from the box. There are three verbs too many.

a) Je .... **beaucoup de temps en ligne.** (I spend a lot of time online.)

b) Je .... **sur mes sites web préférés.** (I go on to my favourite websites.)

c) J' .... **et je** .... **des messages.** (I send and I receive messages.)

d) Je .... **des recherches pour mes devoirs.** (I do research for my homework.)

e) Je .... **des photos en ligne.** (I upload photos.)

f) Je .... **sur le clavier, je** .... **sur la souris et**

j' .... **des documents sur l'imprimante.** (I type on the keyboard, I click the mouse and I print documents on the printer.)

clique	envoie	fais	imprime	mets	passe
reçois	surfe	tape	tchatte	télécharge	vais

[9 marks]

2 **Écrivez cinq phrases sur ce que vous faites en ligne, en utilisant les mots ci-dessous.** Write five sentences about what you do online, using the words below.

Exemple:

Chaque jour, je vais sur mes sites web préférés.

Chaque jour,	....
Souvent,	....
Quelquefois,	....
Une fois par semaine,	....
De temps en temps,	....

[5 marks]

3 **Mettez les mots dans le bon ordre, pour créer un poster sur la sécurité en ligne.** Put the words into the correct order, to create a poster about online safety.

a) jamais ne détails faut Il partager personnels ses

b) installer Il un anti-virus faut logiciel

c) ne pas inconnus faut des communiquer avec Il

d) révéler faut ne passe jamais son mot de Il

e) régulièrement faut passe changer Il son de mot

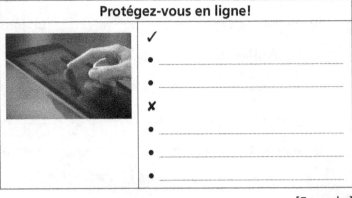

Protégez-vous en ligne!

✓

• ....

• ....

✗

• ....

• ....

[5 marks]

4 Lisez les opinions sur la technologie portable et répondez aux questions. Read the opinions about mobile technology and answer the questions.

> Avec mon portable, je peux toujours contacter quelqu'un en cas d'urgence. **Nolan**
>
> Parfois, quand on a besoin d'appeler quelqu'un, il n'y a pas de réseau. **Yasmine**
>
> La technologie change trop vite et ça coûte cher d'acheter la dernière version. **Alizée**
>
> J'utilise mon portable pour organiser des sorties et des rendez-vous avec mes amis. **Hugo**
>
> C'est pratique, parce qu'on peut faire des achats en ligne. **William**
>
> Certaines personnes passent trop de temps sur leur portable – et elles parlent trop fort! **Lola**
>
> J'ai téléchargé mes chansons préférées sur mon portable, donc je peux les écouter quand je veux. **Karim**
>
> Il faut recharger trop souvent son portable. Ma batterie est toujours à plat! **Mélissa**

a) Who likes listening to music on a phone? ....

b) Who thinks it's expensive to upgrade to the latest model? ....

c) Who finds a mobile phone useful in an emergency? ....

d) Who complains about a phone running out of power? ....

e) Who thinks some people spend too much time on their phone? ....

f) Who uses their phone to arrange social events? ....

g) Who complains that there is sometimes no network coverage? ....

h) Who finds a phone useful for internet shopping? ....

[8 marks]

5 Traduisez ces phrases en français. Translate these sentences into French.

a) Every day, I send text messages to my friends.

....

b) I use my phone to download and listen to music.

....

c) Yesterday, I bought the latest model, but it was expensive.

....

d) Tomorrow, I am going to do some research for my homework.

....

[8 marks]

Free-time Activities

Music & Cinema and TV

1 **Reliez les questions et les réponses.** Match the questions and answers:

Écoutes-tu souvent la musique?	Ma chanteuse anglaise préférée c'est Adele. Elle a une voix superbe et elle écrit des chansons fabuleuses.
Quel genre de musique préfères-tu?	Oui, l'été dernier j'avais la chance de voir mon groupe favori en tournée. C'était magnifique!
Est-ce que tu as un chanteur ou une chanteuse préféré(e)?	Parce que j'adore les mélodies et en plus, même si les paroles sont tristes, ses chansons me détendent.
Pourquoi aimes-tu ses chansons?	Je m'intéresse à tous styles de musique, mais le genre que j'aime le plus, c'est la musique pop.
Es-tu déjà allé(e) à un concert ou un festival de musique?	Oui, je télécharge la musique et je l'écoute sur mon lecteur MP3 ou mon portable tous les jours.

[5 marks]

2 **Écrivez cinq phrases. Utilisez un groupe de mots de chaque colonne.** Make five sentences using a phrase from each column.

Exemple: Je préfère le hip-hop parce que le rythme me plaît.

Je préfère J'adore J'aime mieux	la musique pop l'électro le hip-hop la musique classique	parce que	la mélodie le rythme	me fait sourire me plaît me détend
			les paroles les chansons	me rendent heureux me font rire
Je (ne) m'intéresse (pas) au Je (ne) suis (pas) fana du	reggae jazz vieux rock	à cause	du rythme vif de la mélodie vive des paroles profondes des chansons monotones	

....

....

....

....

....

[5 marks]

3 Remplissez les blancs. Utilisez les mots donnés. Fill in the blanks with the words from the box:

La musique _____ un rôle important dans la vie de ma famille. Mes parents se

sont _____ à un festival de musique _____ mon père jouait

dans un groupe. Nous avons _____ écouté de la musique chez nous et on n'a

_____ choisi un genre préféré. Mes sœurs _____ dans une chorale

mais mon frère aîné aime _____ jouer du violon dans un orchestre. Mon père joue

toujours de la guitare, _____ ma mère dit que ses chansons sont démodées.

chantent	joue	même si	où	rencontrés	mieux	jamais	toujours

[8 marks]

4 Complétez les phrases. Choose types of films and TV programmes for your own likes and dislikes. (Choose from the list provided or write your own.) Then choose from each column to give reasons for your opinions to complete the sentences below.

films d'horreur
dessins animés
feuilletons
comédies
documentaires
jeux télévisés

parce qu'ils	sont	amusant(e)s
car ils		barbant(e)s
même s'ils		tristes
		éducatifs/éducatives
parce qu'ils	me font	rire
car ils		pleurer
même s'ils		peur

a) Personnellement, je préfère les _____

b) Quelquefois j'aime regarder les _____

c) Je ne regarde jamais les _____

d) Le genre de films que j'aime le plus, c'est _____

e) Mes émissions préférées à la télé sont _____

[10 marks]

5 Trouvez les phrases. Unscramble the sentences and write them correctly:

a) Le pendant en film a lieu Allemagne la guerre

_____

b) s'agit fille veut sa famille Il qui retrouver d'une

_____

c) éliminent s'agit des les qui soldats Il adversaires

_____

[3 marks]

Free-time Activities

Food and Eating Out, Sport & Customs and Festivals

1 **Lisez la carte et trouvez les mots en français.**
Read the menu and find the French for:

a) plate of cold meats b) tuna marinated in spices c) duck pâté d) peppered beef steak e) fried vegetables f) lamb chop g) garlic-sautéed green beans h) fillet of veal i) roasted figs j) coconut

[10 marks]

2 **Répondez aux questions suivantes en anglais.**
Answer the following questions:

a) What is included in the menu price of €39.00?

_____

b) What is NOT included in the price?

_____

c) When is this menu NOT available?

_____

d) What is the maximum group size?

_____

[4 marks]

3 **Écrivez une conversation 'Au Restaurant'.**
Utilisez la carte. Prepare a conversation in a restaurant using the menu.

[4 marks]

4 **Traduisez les phrases en anglais.** Translate the sentences into English:

a) Quand j'étais plus jeune, j'avais envie de faire de l'équitation.

_____

b) Auparavant ma sœur aimait faire des randonnées à la montagne.

_____

c) De nos jours elle est amateur des sports d'hiver.

_____

d) Avant je faisais du VTT tous les samedis, mais maintenant je n'ai plus de temps libre.

_____

e) Nous voudrions essayer les sports extrêmes, même s'ils sont un peu dangereux!

_____

[5 marks]

> Entrée + Plat + Dessert: 39,00€
>
> (Menu hors boissons, valable pour un maximum de dix personnes, valable tous les jours – sauf jours de fêtes)
>
> **les entrées**
>
> **Assiette de charcuterie**
>
> **Thon mariné aux épices**
>
> **Foie gras de canard, chutney oignon rouge-gingembre**
>
> **Carpaccio d'ananas et fruits exotiques**
>
> **les plats**
>
> **Entrecôte de bœuf poivré, poêlée de légumes**
> **Côtelette d'agneau, haricots verts sautés à l'ail**
> **Filet de veau, gratin de pomme de terre**
>
> **Fricassée de champignons, riz maison**
>
> **les desserts**
>
> **Plateau de fromages**
> **Figues rôties, crème glacée à la vanille**
> **Panna cotta à la noix de coco**
> **Crêpes flambées**

5 **Traduisez en français.** Translate into French:

a) I play volleyball at the sports centre.

....

b) I used to go to the swimming pool three times a week.

....

c) When I was younger I wanted to go skate-boarding.

....

d) Before, I used to go fishing every weekend, but now I prefer team sports.

....

e) We would like to try water sports.

....

[5 marks]

6 **Écrivez quatre phrases. Donnez vos opinions sur les fêtes. Utilisez les bouts de phrases donnés.**

Write four sentences giving your opinions on festivals and celebrations. Use the phrases in the box.

Exemple: Selon moi, pour faire la fête, il est important d'être en famille et avec des amis.

Pour célébrer Noel / Ramadan Le jour de la fête nationale Pour fêter un mariage Pendant les fêtes traditionnelles Pendant les jours fériés	je pense qu'il faut je crois qu'il est important d(e) je pense qu'on (ne) doit (pas) l'essentiel est d(e) selon moi, il (ne) faut (pas) à mon avis, on doit il n'est pas important de	aller à l'église / à la mosquée chanter des chansons traditionnelles donner des cadeaux féliciter les nouveaux mariés danser dans les rues recevoir des cadeaux manger des repas traditionnels

....

....

....

....

[4 marks]

Environment and Social Issues

At Home, Where I Live & Town or Country?

1 Trouvez la bonne réponse à chaque question. Match the questions and answers.

1. Tu habites en ville ou à la campagne?	a) J'adore vivre en ville mais je voudrais déménager à la campagne.
2. Qu'est-ce qu'il y a dans ta ville?	b) À l'étage, il y a quatre pièces: la salle de bains, la chambre de mes parents, la chambre de ma sœur et la mienne.
3. Où voudrais-tu habiter?	c) Il y a un centre commercial et une grande bibliothèque.
4. Comment est la vie à la campagne?	d) Il n'y a pas assez de distractions pour les jeunes. On a besoin d'un cinéma.
5. Il y a combien de chambres dans ta maison?	e) Moi, j'habite à la campagne.
6. De quoi est-ce que ta ville a besoin?	f) C'est trop calme et on doit se déplacer en voiture pour voir ses amis.

[6 marks]

2 Complétez les phrases, en utilisant les bons mots de la case. Il y a trois mots de trop. Complete the sentences, using the correct words from the box. There are three words too many.

a) J'habite dans une .... mitoyenne.

b) Il y .... pièces.

c) Le salon est à .... de l'entrée.

d) Dans ma chambre j'ai une .... armoire.

e) Je .... ma chambre tous les week-ends.

f) Il y a des posters au ....

petit	grande
étagère	maison
huit	nettoie
déménage	côté
mur	

[6 marks]

3 Écrivez cinq phrases sur ce que vous avez fait en centre-ville, en utilisant les verbes ci-dessous. Write five sentences about what you did in town, using the verbs below.

Exemple: J'ai perdu mon portefeuille.

dépenser	manger	perdre	acheter	essayer

....

....

....

....

....

[10 marks: 5 marks for conjugated verbs and 5 marks for full correct sentences]

4 **Lisez les opinions sur la vie en ville et répondez aux questions.** Read the opinions about life in town and answer the questions.

Là où j'habite il y a trop de circulation.

Georges

Je voudrais déménager en ville parce que c'est plus animé qu'à la campagne.

Karine

La ville est très bruyante et les rues sont sales. Non merci!

Mélissa

Il y a un grand choix d'activités.

Karim

On a besoin d'un centre commercial mais dans l'ensemble, ce n'est.

Simon

J'aimerais y habiter parce que les transports en commun sont plus fréquents.

Benoît

a) Who points out something that their town needs? ....

b) Who is happy with the range of things to do? ....

c) Who comments on the traffic in town? ....

d) Who would like to move somewhere more lively? ....

e) Who would like to live where there is more regular public transport? ....

f) Who thinks the streets are dirty in town? ....

[6 marks]

5 **Traduisez ces phrases en français.** Translate these sentences into French.

a) My bedroom is always clean.

....

b) Upstairs there are four bedrooms.

....

c) The bathroom is found opposite the office.

....

d) There is no market or shopping centre but the parking is free.

....

e) There is more traffic in town than in the countryside.

....

[10 marks: 2 per question. Award 1 for communication, 1 for precision.]

Environment and Social Issues

Charity and Voluntary Work & Healthy and Unhealthy Living

1 **Écrivez cinq phrases en utilisant un choix de chaque colonne.** Make five sentences using a choice from each column:

Exemple: Je voudrais travailler comme infirmière.

Je voudrais	aider	à des personnes âgées
J'aimerais	livrer	des repas
	rendre visite	des médicaments
	travailler	comme infirmier(ière)
	faire	des collectes d'argent
		les SDF

[5 marks]

2 **Traduisez en anglais chacune des phrases que vous avez écrites.** Translate each sentence that you wrote into English.

Exemple: Je voudrais travailler comme infirmière. – I would like to work as a nurse.

[10 marks: 2 per question. Award 1 for communication, 1 for precision.]

3 **Mettez les mots dans le bon ordre.** Put the words into the correct order.

a) faut   manger   sainement   Il

b) forme   mange   parce que   Je   la   garde   je   bien

c) vais   de   faire   un   essayer   Je   régime

[3 marks]

4 **Faites les paires pour écrire des phrases.** Match up the sentence parts to make full sentences.

1.	Je dors	a)	bonne santé.
2.	Je m'entraîne deux	b)	bien.
3.	Je mange les	c)	aliments sains.
4.	Il faut se détendre	d)	fois par semaine.
5.	Le tabac	e)	peut tuer.
6.	Il faut	f)	éviter les produits malsains.
7.	Je suis en	g)	pour éviter le stress.

[7 marks]

5 **Lisez les opinions et remarques sur la charité et le travail bénévole et répondez aux questions.** Read the opinions and comments about charity and voluntary work and answer the questions.

Tous les week-ends, je distribue de l'eau potable aux SDF. **Sandrine**

Après avoir fini le lycée je vais voyager en Afrique pour y apporter mon aide. **Loïc**

Je surveille des enfants qui jouent au basket dans un club. Comme ça je fais quelque chose d'utile. **Valérie**

On a livré des médicaments ce week-end. C'était fatigant, mais c'est important. **Paul**

a) What did Paul do this weekend? _____

b) What does Loïc intend to do after finishing his A-levels? _____

c) What does Sandrine give out to homeless people? _____

[3 marks]

6 **Traduisez les phrases en français.** Translate the sentences into French.

a) I stay in good shape because I sleep well. _____

b) I don't eat unhealthy products. _____

c) It is necessary to eat well. _____

d) She always eats a balanced diet. _____

e) My mother has stopped smoking. _____

[10 marks: 2 per question. Award 1 for communication, 1 for precision]

Environment and Social Issues

The Environment & Poverty and Insecurity

1 Traduisez les phrases en anglais. Translate the following sentences into English.

a) On ne doit pas gaspiller nos ressources naturelles.

.... [3 marks]

b) Il est important de protéger notre environnement en recyclant davantage.

.... [5 marks]

c) Je pense qu'on devrait encourager tout le monde à trier ses déchets.

.... [6 marks]

2 Traduisez les phrases en français. Translate the following sentences into French.

a) I think that it is important to protect our natural resources.   [4 marks]

....

b) We should protect our environment by sorting out our rubbish.   [5 marks]

....

c) There are more and more people who waste energy.   [6 marks]

....

3 Lisez les résultats d'une enquête sur ce qui inquiète le plus les gens dans leur ville. Read the results of an online survey about what people are most worried about in their towns.

Quel est le problème le plus inquiétant dans votre ville?	
Le chômage	15%
Les voyous	20%
Les bandes	5%
Les sans-abris	25%
La pauvreté	10%
Le recyclage	5%

What percentage of people are the most worried about ...?

a) problems with the environment ☐

b) people who don't have enough money ☐

c) people who do not have a home ☐

d) people with no jobs ☐

e) people who hang about in groups ☐

[5 marks]

4 Remettez les mots dans le bon ordre et traduisez les phrases en anglais. Unjumble the sentences and translate them into English.

a) de plus en plus de / personnes / il y a / sont/ dans ma ville / qui / au chômage

....

....

b) augmente / le nombre de / sans-abris / dans mon village / rapidement

....

....

c) de plus en plus de / dans ma ville / malheureusement / voit/ depuis / pauvreté / on / peu

....

....

d) tout le monde / des bandes / dans mon quartier /un souci / l'augmentation / est / pour

....

....

....

[8 marks: 4 marks for correct order, 4 marks for correct translation]

5 Remplissez les blancs avec les mots de l'encadré ci-dessous. Seulement huit seront utilisés. Fill in the gaps with the correct words from the box below. Only eight words will be needed.

1. après	2. combattre	3. maintenant
4. avant	5. passive	6. était
7. davantage	8. recyclage	9. travail
10. est	11. active	12. chômage
13. sans-abris	14. moins	15. encourager

[a] ....] dans ma ville il y a de plus en plus de personnes qui sont au
[b] ....] et qui sont sans domicile. [c] ....] le
problème le plus inquiétant [d] ....] les bandes de voyous qui volaient
dans les petits magasins. La police dans ma ville a été très [e] ....] et a mis
fin à ce problème. Malheureusement le chômage et les [f] ....] inquiètent
[g] ....] de nos jours et j'espère que le gouvernement va faire quelque
chose pour [h] ....] ces problèmes.

[8 marks]

Travel and Tourism

Travel and Tourism 1, 2 and 3

1 **Mes vacances**

Lisez les phrases suivantes et décidez qui dit quoi. Read the following sentences and decide who says what.

Zoe   **Normalement pendant mes vacances je loge dans un hôtel quatre étoiles.**

Isidor   **Il y a deux ans je suis allé en vacances avec mes amis en Suisse et nous sommes restés dans une auberge de jeunesse.**

Martine   **J'aimerais bien loger dans un chalet à la montagne un jour – ça doit être très relaxant!**

Karim   **D'habitude on reste chez ma tante qui habite au bord de la mer.**

Write their names in the spaces.

Who…	
1…spends their holiday with a relative?	
2…is talking about a past holiday?	
3…has visited Switzerland?	
4…has been on holiday without their parents?	
5…goes to the seaside?	

[5 marks]

2 **Des problèmes en vacances**

Ces cinq personnes ont eu des problèmes en vacances. Lisez leurs propos et décidez de ce dont elles parlent. These five people had problems during their holidays. Read what they are saying and decide what they are talking about.

Sylvie   **On a attendu trois heures à l'aéroport! C'était vraiment pénible!**

Martin   **Ils ont cassé la fenêtre et ils ont volé nos passeports!**

Farida   **Mes vacances ont mal commencé car j'ai dû acheter de nouveaux vêtements parce que nos valises ne sont pas arrivées!**

Hugo   **La nourriture était vraiment dégoûtante et les chambres très sales. On n'y retournera pas!**

Laure   **J'ai été malade du début à la fin. J'avais mal au cœur car la mer était très agitée!**

Write their names in the spaces.

1. lost suitcases	
2. a bad hotel	
3. a disastrous cruise	
4. a delay	
5. a robbery	

[5 marks]

3 L'Hôtel de la Mer

Lisez cette brochure sur L'Hôtel de la Mer. Read the following leaflet about L'Hôtel de la Mer.

> **L'Hôtel de la Mer**
>
> **Situé à cinq cents mètres de la mer.**
>
> **Cinquante chambres disponibles sur trois étages, avec douche et vue sur la mer.**
>
> **Piscine chauffée en plein air, ouverte de 9 heures à 20 heures tous les jours (fermeture à 18 heures les jours fériés).**
>
> **Notre restaurant à thèmes avec terrasse est au deuxième étage**
> **(entrée au rez-de-chaussée et accès par ascenseur)**
>
> **Les animaux sont interdits dans notre hôtel.**

Ces phrases sont-elles vraies ou fausses? Are these statements true or false?

a) All rooms have a sea view.

b) There is an indoor swimming pool.

c) The swimming pool closes at 8pm every day all year round.

d) Pets are not allowed.

e) The restaurant is on the ground floor.

[5 marks]

4 **Traduisez en anglais.** Translate into English:

a) L'année prochaine, je voudrais loger dans une villa.

_____

b) Normalement je vais en vacances à la montagne avec ma famille pendant deux semaines.

_____

c) L'été dernier j'ai passé un mois dans une auberge de jeunesse à la campagne.

_____

d) Il y a deux ans nous avons passé nos vacances dans un camping 3 étoiles au bord de la mer.

_____

e) D'habitude j'aime me lever très tard car j'aime bien faire la grasse matinée en vacances.

_____

[5 marks]

Studies and Employment

My Studies and Life at School

1 **Lisez l'e-mail et écrivez les matières dans l'ordre qu'ils sont mentionnés. Attention, il y a trois matières de trop.** Read the email and write the subjects in the order that they are mentioned. Be careful, there are three subjects too many.

> Le lundi, je commence par deux heures de français. Puis c'est la récré pendant vingt minutes. À onze heures on va au gymnase pour l'EPS, et j'adore ça parce que je suis sportive. Après le déjeuner, on a un cours de dessin suivi par la chimie. Et enfin on a une heure d'allemand. Ça fait beaucoup, hein?

PE	Mathematics	RE	Art	German	French	Chemistry	IT

[5 marks]

2 **Lisez les opinions au sujet des matières scolaires. Répondez aux questions ci-dessous.** Read the opinions about school subjects. Answer the questions below.

Franck: Je trouve l'instruction civique facile. J'aime bien ça.

Wendy: Ma matière préférée c'est le dessin parce que c'est concret et que le prof est marrant.

Bronwyn: Je suis assez faible en maths, ce qui est embêtant car j'adore ça.

Amélie: Je n'aime pas les langues vivantes sauf l'anglais. Je suis plus forte en chimie et biologie.

Yann: Mon copain, Richard, est très fort en histoire-géo, mais moi, je suis assez nul.

Enid: Mon professeur dit que je suis très forte en anglais, mais je pense que je suis plutôt faible.

a) Whose friend is better at history and geography than he? .... [1]

b) Who is stronger in science than in languages? .... [1]

c) Why does Franck like citizenship? .... [1]

d) Why does Enid disagree with her English teacher? .... [2]

e) Why is Bronwyn frustrated by maths? .... [2]

f) Why does Wendy like art? .... [2]

[9 marks]

3 **Complétez l'e-mail en choisissant un mot pour chaque trou. Attention, il y a trois mots de trop.**
Complete the email by choosing a word for each gap. There are three words too many.

Salut, Joseph!

Merci pour ton e-mail. Oui je vais au collège, et je suis en .... J'aime bien l'école et ma matière préférée c'est l'histoire-géo. Je n' .... pas l'EPS parce que je ne suis pas sportif.

On .... à huit heures quinze, et on a cinq .... par jour. Il y a une récré de vingt minutes et une .... déjeuner d'une heure et demie. Je vais à l'école en .... scolaire et je mange à la cantine.

Il y a un règlement, bien sûr. Le chewing-gum et le .... ne sont pas autorisés et on n'a pas le droit d'avoir son téléphone portable en cours. Pourtant on ne .... pas d'uniforme scolaire comme en Angleterre!

Bon, je te dis au revoir parce que je dois finir mes devoirs!

À bientôt

Kévin

interdit	commence	porte	car	école	pause	maquillage	seconde	voiture
aime	cours							

[8 marks]

4 **Traduisez ces phrases en anglais.** Translate the sentences into English.

a) Cet été je vais passer mes examens.

....

b) Si on ne comprend pas il faut demander à un professeur.

....

c) J'apporte mon propre repas à l'école.

....

d) Fabrice doit redoubler car il n'a pas réussi ses examens.

....

e) Il y a trop de pression sur les élèves.

....

[10 marks: 2 per question. Award 1 for communication, 1 for precision.]

Studies and Employment

Education Post-16 & Career Choices and Ambitions

1 Relier entre elles les deux parties de chaque phrase. Match up the sentence parts.

1. J'ai laissé	a) aller à la fac l'année prochaine.
2. J'ai envie	b) tomber la technologie.
3. Cette année	c) vais continuer mes études.
4. Je viens de	d) passer mes examens.
5. L'année prochaine je	e) je suis en première.
6. Je voudrais	f) de voyager en Asie.

[6 marks]

2 Lisez les projets des jeunes. Répondez aux questions. Read the teenagers' plans. Answer the questions.

Moi, je n'ai aucune intention de continuer mes études.
Justine

Après une année sabbatique j'ai l'intention de faire un apprentissage.
David

Je mets de l'argent de côté pour faire un tour du monde.
Simone

J'aimerais étudier les langues parce que je veux être journaliste. Aller à la fac? Je ne sais pas encore.
Rachel

Je ne sais pas quoi faire mais j'ai envie de gagner beaucoup d'argent!
Farah

Je voudrais étudier les sciences à la fac.
Lisa

a) Who is going to do an apprenticeship? ....

b) Who is saving money? ....

c) Who does not know what to do? ....

d) Who wants to study languages? ....

e) Who plans to end their studies at the end of the year? ....

f) Who has decided to go to university? ....

[6 marks]

3 Traduisez ces phrases en français. Translate these sentences into French.

a) I would like to go to university next year. ....

b) I dropped art last year. ....

c) I intend to travel when I leave school. ....

d) I am going to go to university. ....

e) I have no idea what to do. ....

[10 marks: 2 per question. Award 1 for communication, 1 for precision.]

4 **Lisez l'e-mail et répondez aux questions.** Read the email and answer the questions.

Je rêve d'avoir un boulot intéressant et varié, mais je ne sais pas encore ce que je veux faire. Mon père est plombier et il adore travailler à son compte. Il dit que c'est un emploi enrichissant, et il gagne suffisamment d'argent. Ma mère est la patronne d'une petite entreprise qui fabrique des gâteaux et des pâtisseries.

Moi, j'ai envie de voyager pour mon métier, et je veux gagner beaucoup d'argent. Je rêve d'avoir une grande maison donnant sur la plage et, si possible, j'habiterai aux États-Unis. J'aurai une famille, un avion et je serai vedette de musique ou de cinéma.

Inès

a) Name two features of Inès' dream job. .... [2]

b) What does her father do? .... [1]

c) Why does he like his job? .... [2]

d) What role does her mother play in the company for which she works? .... [1]

e) Where would Inès like her house to be? .... [2]

[8 marks]

5 **Écrivez un court paragraphe sur vos projets en utilisant les phrases dans la case.** Write a short paragraph about your future plans by using the phrases in the box.

J'ai l'intention de...	Je voudrais...	Je vais...	Je serai...	J'aurai...
Je ferai...	Je gagnerai...	J'habiterai...		

....

....

....

....

....

[10 marks. Award 5 for communication, 5 for precision.]

Grammar 1

Gender, Plurals and Articles & Adjectives

Gender, Plurals and Articles

1 Complétez le tableau en français. Complete the grid in French.

Singular	Plural
un enfant (a child)	**des** .... (children)
une .... (a flower)	**des fleurs** (flowers)
un .... (an animal)	**des animaux** (animals)
un chapeau (a hat)	**des** .... (hats)
un .... (a game)	**des jeux** (games)
un Français (a French person)	**des** .... (French people)

[6 marks]

2 Complétez ces phrases, en utilisant la bonne forme de l'article (*un / une / des; le / la / l' / les*), selon l'exemple. Complete these sentences, using the correct form of the article (*un / une / des; le / la / l' / les*), following the example.

Exemple: **Dans ma ville, il y a <u>un</u> cinéma. <u>Le</u> cinéma est dans le centre-ville.**

a) **Dans ma ville, il y a** .... **piscine.** .... **piscine est dans le centre sportif.**

b) **Dans mon village, il y a** .... **café.** .... **café est tout près de ma maison.**

c) **Dans la rue où j'habite, il y a** .... **magasins.** .... **magasins sont utiles.**

d) **Dans notre village, il y a** .... **église.** .... **église est très vieille et historique.**

e) **Dans ma ville, il y a** .... **centre commercial.** .... **centre commercial est énorme.**

f) **Dans le quartier où j'habite, il y a** .... **restaurants, mais** .... **restaurants sont trop chers.**

[12 marks]

3 Complétez les phrases avec *du / de la / de l'* ou *des*. Complete the sentences with *du / de la / de l'* or *des*.

a) **Tu veux** .... **glace? Elle est vraiment délicieuse.**

b) **Tu veux** .... **fromage? Il a très bon goût.**

c) **Tu veux** .... **carottes? Elles sont bonnes pour la santé.**

d) **Tu veux** .... **eau? Il faut boire beaucoup d'eau.**

e) **Tu veux** .... **gâteau? Il est au chocolat!**

f) **Tu veux** .... **raisins? Ils ne coûtent pas trop chers.**

[6 marks]

Adjectives, Comparatives and Superlatives

4 **Complétez le texte avec les bons adjectifs possessifs de la case.** Complete the text with the correct possessive adjectives from the box.

J'habite avec _____ père, _____ mère et mes deux frères. Notre maison est assez moderne,

mais _____ jardin est très petit. Je partage ma chambre avec mon frère cadet: mon lit est dans

le coin et _____ lit est devant la fenêtre. Mon frère aîné a la meilleure chambre: _____

chambre est plus grande que la mienne. Nous avons aussi deux chiens. _____ chiens s'appellent

Boule et Bill. _____ parents travaillent pour la même entreprise. _____ bureau n'est pas loin

de notre maison. Et toi? Il y a combien de personnes dans _____ famille? Où travaillent

parents?

mon	leur	nos	sa	son	notre	mes	ma	ta	tes

[10 marks]

5 **Ajoutez la bonne forme de l'adjectif à chaque phrase. Il va avant ou après le substantif?** Add the correct form of each adjective to each sentence. Does it go before or after the noun?

a) C'est un film. (bon / bonne / bons / bonnes)

_____

b) C'est une fille. (joli / jolie / jolis / jolies)

_____

c) C'est une voiture (noir / noire / noirs / noires)

_____

d) Ce sont des garçons (intelligent / intelligente / intelligents / intelligentes)

_____

e) Ce sont les baskets (meilleur / meilleure / meilleurs / meilleures)

_____

[10 marks: 1 mark for each correct form of the adjective and 1 mark for positioning it correctly.]

6 **Traduisez les phrases suivantes en français.** Translate the following sentences into French.

a) Your house is more beautiful than my house.

_____

b) My dog is less intelligent than your dog.

_____

c) She is the tallest girl in the school.

_____

[6 marks]

Grammar 1

Adverbs and the Present Tense

Adverbs and the Present Tense of Regular Verbs

1 **Complétez chaque phrase en utilisant l'un des adverbes de l'encadré ci-dessous (il y a trois adverbes de trop).** Make logical sentences by adding an adverb from the box (there are three adverbs too many).

a) Je n'ai pas beaucoup d'argent. J'ai .... trois euros!

b) .... je ne peux pas venir à ta fête, parce que je suis malade.

c) Tu marches trop .... ! Le film commence dans cinq minutes!

d) Oh, merci! Des chocolats! C'est .... très gentil.

e) Tu connais mon frère? Ah, oui, je le connais très ....

f) Hier, j'étais malade, mais aujourd'hui, je vais beaucoup ....

bien	lentement	mal	malheureusement	mieux	rarement	seulement	vite	vraiment

[6 marks]

2 **Regardez les verbes du premier tableau, puis complétez le deuxième tableau.** Look at the verbs in the first grid, then complete the second grid.

Regular –er verb	Regular –ir verb	Regular –re verb
jouer (to play)	**finir** (to finish)	**vendre** (to sell)
je joue (I play)	**je finis** (I finish)	**je vends** (I sell)
tu joues (you play)	**tu finis** (you finish)	**tu vends** (you sell)
il / elle / on joue (he / she / one plays)	**il / elle / on finit** (he / she / one finishes)	**il / elle / on vend** (he / she / one sells)
nous jouons (we play)	**nous finissons** (we finish)	**nous vendons** (we sell)
vous jouez (you play)	**vous finissez** (you finish)	**vous vendez** (you sell)
ils / elles jouent (they play)	**ils / elles finissent** (they finish)	**ils / elles vendent** (they sell)

Regular –er verb	Regular –ir verb	Regular –re verb
donn**er** (to give)	chois**ir** (to choose)	atten**dre** (to wait)
je .... (I give)	**je** .... (I choose)	**j'** .... (I wait)
tu .... (you give)	**tu** .... (you choose)	**tu** .... (you wait)
il / elle / on .... (he / she / one gives)	**il / elle / on** .... (he / she / one chooses)	**il / elle / on** .... (he / she / one waits)
nous .... (we give)	**nous** .... (we choose)	**nous** .... (we wait)
vous .... (you give)	**vous** .... (you choose)	**vous** .... (you wait)
ils / elles .... (they give)	**ils / elles** .... (they choose)	**ils / elles** .... (they wait)

[18 marks. Each verb ending must be correct.]

The Present Tense, Reflexive Verbs, Depuis, Imperatives

3 Traduisez les verbes en français, puis complétez les phrases, en utilisant vos propres idées. Translate the verbs into French, then complete the sentences, using your own ideas.

Exemple:

She eats / is eating (**manger**) ⟶ **Elle mange une glace.**

a) He wears / is wearing (**porter**) _____

b) We help (**aider**) _____

c) They (**elles**) work (**travailler**) _____

d) You (**tu**) lose (**perdre**) _____

e) I reply (**répondre**) _____

f) You (**vous**) choose (**choisir**) _____

[12 marks: 1 for each correct verb form and 1 for a correct sentence]

4 Complétez les phrases, en choisissant les bons mots de la case. Puis traduisez-les. Complete the sentences, using the words in the box. Then translate them.

a) Je _____ lève de bonne heure. _____

b) _____ s'entend bien avec sa sœur. _____

c) Mes parents _____ fâchent contre moi. _____

d) _____ nous amusons bien au parc. _____

e) _____ te couches à quelle heure? _____

f) Vous _____ ennuyez le dimanche? _____

il	me	nous	se	tu	vous

[12 marks: 1 for each correct pronoun and 1 for each correct translation]

5 Traduisez ces phrases en français, selon l'exemple. Translate these sentences into French, following the example.

Exemple:

I have been playing the guitar for three years. ⟶ **Je joue de la guitare depuis trois ans.**

a) I have been living here for five years. _____

b) I have been doing judo for two years. _____

c) I have been studying French for six years. _____

[3 marks]

6 Changez ces questions en commandes, selon l'exemple. Change these questions into commands, following the example.

Exemple:

Tu manges tes carottes? ⟶ **Mange tes carottes!**

a) **Tu écoutes le professeur?** _____

b) **Vous allez aux magasins?** _____

[2 marks]

Grammar 2

Using Verbs in the Present Tense & Future Time-frame

Irregular Verbs in the Present Tense; Using the Present Participle

1 Écrivez les phrases au pluriel. Put these sentences into the plural (je ———→ nous, tu ———→ vous, il / elle ———→ ils / elles):

a) Je n'ai pas envie de rentrer. ....

b) Il est en train de tchatter en ligne. ....

c) Tu veux sortir samedi soir? ....

d) Elle ne peut pas venir. ....

e) Tu me fais rigoler! ....

f) Je vais passer des vacances à la plage. ....

[6 marks]

2 Complétez le tableau en utilisant les verbes dans la case. Put the verbs in the box into the correct column in the table.

+ infinitive only	+ à + infinitive	+ de + infinitive

adorer	apprendre	aimer	arrêter	commencer	décider
espérer	essayer	éviter	s'intéresser	préférer	réussir

[12 marks]

Future Time-frame

3 Traduisez les phrases en français. Translate the sentences into French.

a) I am going to spend the weekend in Paris.

....

b) We are going to visit the Eiffel Tower.

....

c) We are going to eat in a famous French restaurant.

....

d) The girls are going to play volleyball.

....

e) Are you (singular) going to go out tonight (this evening)?

....

[5 marks]

4 Remplissez les blancs en utilisant un verbe au futur proche ou au futur. Fill in the blanks using a future time-frame (either the immediate future or the future tense).

L'année prochaine je _____ (rester) au collège. Si j'ai de bonnes notes, j(e) _____ (étudier) les sciences. Ce _____ (être) plus amusant de choisir ce qu'on apprend! Après les examens, je _____ (partir) en vacances avec mes copains. Nous _____ (aller) à la campagne et nous _____ (faire) du camping sauvage. S'il fait beau, on _____ (vouloir) essayer l'escalade et l'équitation. En fait, on _____ (pouvoir) faire tout ce qu'on veut! Quelle aventure! [8 marks]

5 Traduisez le paragraphe suivant en anglais. Translate the following paragraph into English:

Si j'étais ministre de l'environnement, je changerais beaucoup de choses! Tout le monde devrait recycler les déchets. Les adultes ne gaspilleraient pas d'énergie. Les enfants économiseraient l'eau. Le gouvernement voudrait vraiment protéger les animaux en danger. Ce serait un monde idéal.

_____

_____

_____

_____

_____

_____

_____

[7 marks]

6 Récrivez les phrases en utilisant l'imparfait et le conditionnel. Rewrite the 'si clause' sentences using the imperfect and conditional tenses.

Exemple: S'il fait beau, on ira à la plage.   If the weather is nice, we will go to the beach.

S'il faisait beau, on irait à la plage.   If the weather was nice, we would go to the beach.

a) S'il pleut, nous ferons des achats en ville. _____

b) S'il vient chez nous, on visitera Paris. _____

c) Si je réussis à mon bac, je chercherai un emploi. _____

_____

d) Si nous avons plus d'argent, nous achèterons une voiture de sport. _____

_____

e) Si je gagne à la loterie, j'aiderai les sans-abris. _____

_____

[5 marks]

Grammar 2

Past Time-frame: Perfect Tense & Imperfect Tense and Pluperfect Tense

Perfect Tense with Avoir and Être; the Perfect Infinitive

1 **Trouvez l'erreur dans chaque phrase et écrivez la phrase correcte.** Find the error in each sentence and rewrite it correctly.

a) **Nous avons venus trop tard.** ....

b) **Je n'ai rien bois.** ....

c) **Vous n'ont pas vu le film.** ....

d) **Elles sont ne pas parties en vacances.** ....

e) **Ils ont mangés des escargots.** ....

[5 marks]

2 **Lisez l'histoire bizarre.** Read the bizarre story.

Les aventures de Luc Lebrave

Le petit <u>Luc est né</u> dans une petite maison dans une grande forêt. Un jour, à l'âge de six ans, <u>il est parti</u> de chez lui et <u>il est allé</u> dans la forêt tout seul. Après une heure de route, <u>il est venu</u> à une grande montagne. <u>Il est monté</u>, monté, monté. Enfin, tout fatigué, <u>il est arrivé</u> au sommet de la montagne et qu'est-ce qu'il a trouvé? – quelle surprise ! – un café! <u>Il est entré</u> dans le café, <u>il y est resté</u> peu de temps (il n'avait pas d'argent pour acheter quelque chose) et puis <u>il est sorti</u> du café. <u>Il est descendu</u> – descendu, descendu, mais soudain – <u>il est tombé</u> – tombé, tombé, tombé jusqu'au bas de la montagne. Quel horreur! Est-ce qu'<u>il est mort</u>, le pauvre petit Luc? Mais non, <u>il est rentré</u> dans la forêt et <u>il est retourné</u> chez lui sain et sauf. (N.B. À l'âge de seize ans, <u>il est devenu</u> alpiniste célèbre!)

Écrivez une histoire semblable au sujet de 'Lucille Lebrave'. Attention à l'accord! Write a similar adventure about Lucille Lebrave – remember the agreements! [10 marks]

....

....

....

....

....

....

....

3 **Reliez les deux phrases en utilisant 'après avoir' ou 'après être'.** Join the two sentences together, using the perfect infinitive ('après avoir' or 'après être').

Exemple: J'ai déjeuné chez moi. Je suis allé en ville. Après avoir déjeuné chez moi, je suis allé en ville.

a) **Il a entendu les nouvelles. Il a téléphoné à son copain.** ....

....

b) Nous avons fait une promenade. Nous avons mangé un gâteau au café. ....

....

c) Nous sommes arrivés au marché de Noël. Nous avons acheté des cadeaux. ....

....

d) Elle s'est levée très tôt le matin. Elle est partie à l'étranger. ....

....

[4 marks]

Past Time-frame

4 **Dessinez des lignes pour relier les phrases anglaises et françaises, qui sont à l'imparfait.** Match the English and French sentences. They are in the imperfect tense.

a) Elle ne voulait pas sortir.	It was too noisy.
b) Il y avait trop de monde.	She didn't want to go out.
c) C'était trop bruyant.	It was too hot.
d) Il faisait trop chaud.	There were too many people.

[4 marks]

5 **Faut-il utiliser le passé composé ou l'imparfait? Complétez les phrases avec les verbes entre parenthèses.** Perfect or imperfect? Complete the following sentences using the verbs in brackets.

a) Pour fêter mon dernier anniversaire, ma famille (organiser) .... une surprise partie.

b) Mes parents (louer) .... une salle dans le centre-ville, mais je n'en (savoir) .... rien.

c) Tous mes amis (venir) .... vers sept heures et demie – ils (être) .... très excités!

d) Quand je (arriver) .... à huit heures, tout le monde (se cacher) .... derrière un grand rideau!

e) C' (être) .... une soirée inoubliable – nous (danser) .... et (célébrer) ....
jusqu'à minuit.

[10 marks]

6 **Complétez ce tableau.** Complete the table.

Infinitive	Perfect tense	Imperfect tense	Pluperfect tense
avoir	j'ai eu – I had	j'avais – I was having	j'avais eu – I had had
mettre			
devoir			
sortir			
se coucher			

[12 marks]

Grammar 3

Pronouns and Questions

1 Choisissez le bon pronom.

Choose the correct pronoun to render the English translation.

a) Je ne   <u>la / les</u>   recycle jamais.   *I never recycle them.*

b) Je voudrais   <u>le / la</u>   protéger plus efficacement.   *I would like to protect it. (it = the planet)*
more efficiently.

c) Il faudrait   <u>les / l'</u>   aider plus.   *We should help them more.*

d) Je ne   <u>l' / la</u>   aime pas.   *I don't like it. (the song)*

e) Il ne faut pas   <u>la / les</u>   gaspiller.   *We mustn't waste it.*

[5 marks]

2 Remplacez les mots soulignés par un pronom. Choisissez-les dans la liste ci-dessous.
Replace the underlined elements with a pronoun. Choose from the list below.

elle   il   les   elles   nous   ils

a) Je pense que <u>ma sœur</u> est très sympa. ....

b) Malheureusement <u>ma ville</u> est très polluée. ....

c) <u>Ma mère et moi</u> aimons passer des heures au bord de la piscine. ....

d) <u>Mon père et mon frère</u> préfèrent aller se promener. ....

e) <u>Mes sœurs</u> sont au chômage. ....

[5 marks]

3 Traduisez en français. Translate into French:

a) I do not like them. ....

b) I agree with her. ....

c) I don't agree with them. ....

d) I stayed at mine yesterday (use **chez**). ....

e) I do not waste them. ....

[5 marks]

4 Quelle est la traduction française pour...? What is the French for...?

a) who ....   e) with whom ....

b) where ....   f) how ....

c) how long ....   g) why ....

d) when ....   h) for whom ....

[8 marks]

5 Remettez les mots dans l'ordre pour former des questions. Unjumble the questions.

a) tu   est-ce que   recycles?

_____

b) est-ce que   avec qui   en vacances   tu   normalement   vas?

_____

c) est-ce que   tu   pourquoi   gaspilles   l'électricité?

_____

d) où   en vacances   voudrais   est-ce que   tu   aller?

_____

[4 marks]

6 Regardez l'image et posez des questions en utilisant les mots interrogatifs suivants. Look at the picture below and ask five questions using the following question words:

où   comment   pourquoi   quand   avec qui

_____

_____

_____

_____

[5 marks]

Grammar 3

Prepositions and Conjunctions & Subjunctive Mood and the Passive Voice

Prepositions and Conjunctions

1 Choisissez la préposition correcte. Choose the correct preposition.

a) Elle vient <u>de / par</u> Belgique. *She comes from Belgium.*

b) Nous sommes allés en vacances <u>sans / parmi</u> lui. We *went on holiday without him.*

c) Je recycle <u>pour / par</u> protéger la planète. *I recycle to protect the planet.*

d) J'habite <u>en / au</u> Angleterre. *I live in England.*

e) Nous vivons ici <u>depuis / pour</u> toujours. *We have always lived here.* [5 marks]

2 Traduisez en français. Translate into French:

a) according to my mum ....

b) without spending ....

c) in order to protect ....

d) among the problems ....

e) despite my efforts .... [5 marks]

3 Choisissez la conjonction de coordination correcte. Choose the correct connectives.

a) L'hôtel m'a beaucoup plu   <u>pourtant / parce que</u>   la plage était décevante.

b) Trop de gens sont au chômage   <u>puis / alors</u>   je pense qu'on devrait les aider.

c) La planète est en danger   <u>car / à cause de</u> la pollution.

d) La piscine était trop froide   <u>donc / par contre</u>   je n'y suis pas allé(e).

e) Le vol a eu deux heures de retard   <u>parce qu' / à cause de</u>   il neigeait beaucoup.

[5 marks]

4 a) D'abord traduisez les conjonctions en anglais. First translate the following conjunctions into English. [5 marks]

b) Puis reliez les phrases ci-dessous en choisissant une conjonction de la case. Then link the sentences below choosing the appropriate conjunctions from the box.

comme	lorsque	si	puisque	tandis que

1. .... je vais en vacances avec mes amis, j'aurai plus de liberté.

2. .... on ne recycle pas assez, il y a trop de pollution.

3. Je ne me sens pas en sécurité dans ma ville .... il y a de plus en plus de violence.

4. .... je suis arrivée dàns mon hôtel, je me suis aperçue que j'avais perdu mon passeport.

5. Je fais beaucoup pour la protection de l'environnement .... mes amis ne font rien. [5 marks]

Subjunctive Mood and the Passive Voice

5 **Identifiez les phrases qui sont au subjonctif.** Identify the sentences in the subjunctive.

a) Je doute que ma ville soit très agréable pour les touristes.

b) Je pense que mes vacances l'année dernière étaient les meilleures.

c) Je ne pense que je puisse faire davantage pour protéger l'environnement.

d) On devrait faire tout ce qu'on peut pour aider les sans-abris.

e) Selon ma mère mes amis n'ont pas une bonne influence sur moi.

[5 marks]

6 **Décidez si les verbes doivent être au subjonctif ou non. Choisissez le bon verbe.** Decide whether the verbs should be in the subjunctive or not. Choose the correct verb.

a) Bien que ma ville   soit / est   assez moderne, il y a beaucoup de problèmes de pauvreté.

b) Je ne doute pas que l'hôtel   est / soit   assez décevant.

c) Il faut que je   fais / fasse   plus pour protéger l'environnement.

d) Je suis contente que mon amie   peut /puisse   venir avec nous en vacances cet été.

e) Même s'il   est/ soit   parfois difficile de recycler les déchets, il faut faire de son mieux.

[5 marks]

7 **Traduisez les phrases de l'exercice 6 en anglais.** Translate the sentences in exercise 6 into English.

....

....

....

....

....

[5 marks]

8 **Lesquelles de ces phrases sont à la voix passive?** Which of these sentences are in the passive voice?

a) Malheureusement notre ville a été endommagée par les inondations récentes.

b) L'hôtel que nous avons choisi pour nos vacances se trouve au bord de la mer.

c) L'environnement est constamment attaqué par nos actions égoïstes!

d) Je suis contente que la croisière cette année soit encore organisée par la même équipe que l'année dernière.

e) Il est inquiétant que les voyous harcèlent la population.

[5 marks]

Collins

GCSE
French
Higher Tier Paper 1 Listening

H

Time allowed: 45 minutes

(including 5 minutes' reading time before the test)

Instructions

- Download the audio material to use with this test from **www.collins.co.uk/collinsgcserevision**
- Use black ink or black ball-point pen.

Instructions

- The marks for questions are shown in brackets.
- The maximum mark for this paper is 50.
- You must **not** use a dictionary.

Advice

For each item, you should do the following:

- Carefully listen to the recording. Read the questions again.
- Listen again to the recording. Then answer the questions.
- You may write at any point during the test.
- In **Section A**, answer the questions in **English**. In **Section B**, answer the questions in **French**.
- Answer all questions in the spaces provided.
- Write down all the information you are asked to give.
- You have 5 minutes to read through the question paper before the test begins. You may make notes during this time.

Name: _____

Section A   Questions and answers in **English**

News Reports

While on holiday in Switzerland, you hear these news reports on the local radio.

A	pollution
B	an accident
C	a robbery
D	a competition
E	unemployment
F	gangs

For each report choose the topic from the list and write the correct letter.

0 1 [   ]   [1 mark]

0 2 [   ]   [1 mark]

0 3 [   ]   [1 mark]

0 4 [   ]   [1 mark]

An Excursion

While on holiday in France you visit the tourist office and you hear this announcement.

Choose the correct answer and write the letter in the box.

0 5 **The cruise is**

A	on every day
B	not on at the weekend
C	not on Monday

[1 mark]

0 6 **You can benefit from the price reduction if**

A	you book online
B	you book in the next few days
C	you book at the tourist office

[1 mark]

0 7 **On board**

A	you are allowed to bring your own food
B	you can't bring your own food
C	the food is cheap

[1 mark]

Hiring a Bike: the Vélo'v Scheme

You hear a podcast sent by your French partner school in Lyon. In this extract you hear an interview with Émeline who talks about 'le Vélo'v', a scheme to promote bike hiring in her town to reduce pollution.

Answer both parts of the question.

0 8 · 1 Le Velo'v

A	is available all the time
B	is not available between 7pm and 7am
C	is available from 300 stations

[1 mark]

0 8 · 2 The popularity of the Velo'v is growing among

A	people living in Lyon
B	tourists
C	both tourists and people living in Lyon

[1 mark]

Answer both parts of the question.

0 9 · 1 Compared with the Velo'v, Émeline finds other means of transport

A	less enjoyable
B	not as environmentally friendly
C	not as convenient

[1 mark]

0 9 · 2 Émeline's friends

A	do not agree with her
B	agree with her
C	do not really have an opinion on it

[1 mark]

Practice Exam Paper 1: Listening

Answer both parts of the question.

1 0 . 1 Émeline says that the Velo'v

A	is not always cheap but is worth it
B	is affordable
C	is sometimes free

[1 mark]

1 0 . 2 According to Émeline, accidents happen

A	because the number of cars on the roads has increased
B	because of the lack of cycle tracks
C	because some roads are too narrow

[1 mark]

Online Shopping

Listen to this French radio phone-in programme where listeners are discussing the advantages and disadvantages of online shopping.

For each speaker, write down **one** advantage and **one** disadvantage.

Answer in **English**.

1 1 Françoise

Advantage	Disadvantage

[2 marks]

1 2 Didier

Advantage	Disadvantage

[2 marks]

Fashion

Listen to these teenagers discussing fashion.

Complete the sentences in **English**.

1 3 For the first speaker, having a fashion style is ....

This is because it gives her ....

[2 marks]

1 4 The second teenager thinks that everyone should wear ....

If everyone followed fashion, we would ....

[2 marks]

Sport

You listen to a Belgian radio programme about sport.

Answer in **English**.

1 5 · 1 Why does Pierre NOT enjoy sport at school?

....

[1 mark]

1 5 · 2 What does he say about sport in the summer holidays? Give **two** details.

....

....

[2 marks]

Paris Celebrates the 14th July!

You listen to this online advert about the French National Day in Paris.

Answer in **English**.

| 1 | 6 |·| 1 | The festivities in Paris are designed for:

A	tourists
B	children
C	all ages

[1 mark]

| 1 | 6 |·| 2 | At what time does the military parade start?

_____

[1 mark]

| 1 | 6 |·| 3 | What **two** suggestions are made for watching the firework display?

_____

_____

[2 marks]

Local Environment

While in France you hear a radio report about the proposed building of a large shopping centre on the edge of a small town called Neuvic.

Listen to the report and answer the questions in **English**.

Example

Why are people unhappy? *They believe that the local shops will suffer.*

According to Monsieur David, why will the small businesses in town be affected, and what might be the consequences?

17 · 1 ....

[1 mark]

17 · 2 ....

[1 mark]

What does the developer Madame Félix say will happen as a result of the construction?

Give **two** details.

18 · 1 ....

[1 mark]

18 · 2 ....

[1 mark]

How does the local student Danny suggest that a compromise could be made? Give **two** details.

19 · 1 ....

[1 mark]

19 · 2 ....

[1 mark]

Health

While on the internet, you hear two advertisements about health related issues.

Choose the correct answer to complete each sentence. Write the letter in the box.

Answer both parts of the question.

2 0 · 1 This advert is about...

A	smoking
B	drugs
C	drinking alcohol

[1 mark]

2 0 · 2 It makes the point that the consequences of electronic cigarettes are

A	less dangerous than tobacco
B	more dangerous than tobacco
C	less known about than tobacco

[1 mark]

2 1 · 1 This advert stresses the need to avoid

A	sugary drinks
B	tap water
C	canned drinks

[1 mark]

2 1 · 2 It promotes the drink's

A	fat content
B	place of manufacture
C	price

[1 mark]

Radio Interview

While on holiday in France, you hear an interview on French radio.

Choose the correct answer and write the letter in the box.

2 2 · 1 The young man

A	is a volunteer for a charity
B	works for a charity
C	lives in Africa

[1 mark]

2 2 · 2 In the future he wants to

A	travel throughout Asia
B	deliver medicines throughout France
C	work as a doctor

[1 mark]

Section B   Questions and answers in **French**

Les Rapports Familiaux

Écoutez cet extrait d'une émission de radio. On invite des jeunes à discuter de leurs problèmes avec leurs parents.

Choisissez deux phrases qui sont vraies et écrivez les bonnes lettres dans les cases.

2 3

A	Maxime ne voit pas souvent son père.
B	Maxime ne s'intéresse pas à ses parents.
C	La belle-mère de Maxime va avoir un bébé.
D	Le père de Maxime est souvent triste.
E	Avant le divorce, Maxime s'entendait bien avec son père.

[2 marks]

2 4

A	Maxime se dispute tout le temps avec sa mère.
B	La mère de Maxime est au chômage.
C	S'il a des problèmes, Maxime peut en parler à sa mère.
D	La mère de Maxime n'est pas toujours contente de lui.
E	Maxime ne peut pas aider à la maison, à cause de ses études.

[2 marks]

Les Réseaux Sociaux

2 5 Dans un café français, vous écoutez ces jeunes qui parlent des réseaux sociaux.

Complétez les phrases suivantes en français.

2 5 · 1 Pour Nabila et ses amis, Facebook est une invention très _____ .

[1 mark]

2 5 · 2 Nabila trouve que rester en contact avec ses amis en ligne est _____ .

[1 mark]

2 5 · 3 Selon Malik, il est plus important de retrouver ses amis en personne pour _____ .

[1 mark]

2 5 · 4 Malik dit que sur internet, on peut facilement écrire quelque chose de _____ .

[1 mark]

Conseils

2 6 Vous écoutez un podcast dans lequel on donne des conseils pour se protéger en ligne.

Pour chaque personne qui parle, choisissez le conseil correct et écrivez la lettre dans la case.

A	Il ne faut jamais partager vos détails personnels.
B	Il faut changer régulièrement son mot de passe.
C	Ne communiquez pas en ligne avec des inconnus.
D	Évitez de tchatter sur des forums.
E	Il est essentiel d'installer un logiciel anti-virus.

(i) [ ]

[1 mark]

(ii) [ ]

[1 mark]

END OF QUESTIONS

Collins

GCSE
French

Higher Tier Paper 2 Speaking

H

Candidate's material – Role-play

Candidate's material – Photo card

Time allowed: 12 minutes
(+ 12 minutes' preparation time)

Instructions

- During the preparation time, you are required to prepare **one** Role-play card and **one** Photo card.
- During the General Conversation, you are required to ask at least one question.

Information

- The test will last a maximum of 12 minutes and will consist of a Role-play card (approximately 2 minutes) and a Photo card (approximately 3 minutes), followed by a General Conversation. The General Conversation is based on two out of the three Themes (5–7 minutes).
- You must **not** use a dictionary, either in the test or during the preparation time.

Name: ....

Role-play

Prepare your <u>spoken</u> answers to this Role-play.

Instructions to candidates

Your teacher will play the part of your French friend and will speak first.

You should address your friend as 'tu'.

When you see this – ! – you will have to respond to something you have not prepared.

When you see this – ? – you will have to ask a question.

> Tu parles avec ton ami(e) français(e) de l'environnement dans ta ville
>
> • L'environnement dans ta ville – (**deux** problèmes)
> • !
> • Protection de l'environnement – (**deux** actions récentes)
> • Changement et **une** raison
> • ? Recyclage à la maison

Photo card

- Look at the photo.

- Prepare your <u>spoken</u> answers to the three questions that follow.

- Qu'est-ce qu'il y a sur la photo?

- À ton avis, est-il important d'avoir de bons amis? Pourquoi?

- Parle-moi d'une sortie que tu as faite récemment avec tes amis.

In the examination, your teacher will ask you **two** further questions, which you have not prepared.

Think of other questions you might be asked on the topic of 'Friendship' and prepare answers to those, too.

General Conversation

The questions on the Photo card are followed by a General Conversation. The first part of this conversation will be from your nominated Theme and the second part on a Theme chosen by the examiner. The total time of the General Conversation will be between five and seven minutes and a similar amount of time will be spent on each Theme.

Themes for this example General Conversation are:

- Local, national, international and global areas of interest

- Current and future study and employment

Remember!

It is a requirement for you to ask at least **one** question during the General Conversation; this can happen at any time during this section of the test.

Collins

GCSE
French

H

Higher Tier Paper 3 Reading

Time allowed: 1 hour

Instructions

- Use black ink or black ball-point pen.
- Answer **all** questions.
- You must answer the questions in the spaces provided.
- In **Section A**, answer the questions in **English**. In **Section B**, answer the questions in **French**. In **Section C**, translate the passage into **English**.

Information

- The marks for questions are shown in brackets.
- The maximum mark for this paper is 60.
- You must **not** use a dictionary.

Name: _____

Section A Questions and answers in **English**

0 1 Marriage and Relationships

Read these posts by two French students, in which they talk about whether they want to get married.

Même si on dit que le mariage est une preuve d'amour, pour moi, l'idée de passer sa vie entière avec une seule personne est complètement démodée. Mieux vaut habiter ensemble: au cas où ça ne marche pas, il est plus facile de se séparer. Pourtant, il faut penser aux enfants; si on veut fonder une famille, c'est plus sécurisant d'être marié.

Olivia

0 1 · 1 Which two statements are true? Write the letters in the boxes.

A	Olivia thinks she would like to get married one day.
B	Olivia believes it's possible to spend your whole life with one person.
C	Olivia thinks living together makes it easier to end the relationship.
D	Olivia thinks getting married is a good idea if you want to have children.

[2 marks]

Selon les statistiques, un grand nombre de mariages se terminent par un divorce. Cependant, je connais beaucoup de couples qui sont toujours ensemble. Mes parents sont mariés depuis plus de vingt ans et se disputent rarement. L'important c'est d'avoir plein de choses en commun, tout en respectant nos différences. Rester célibataire, c'est garder sa liberté, mais je n'aimerais pas vivre seul.

Raphaël

0 1 · 2 Which two statements are true? Write the letters in the boxes.

A	Raphaël knows a lot of couples who have got divorced.
B	Raphaël's parents generally get on well with one another.
C	Raphaël thinks you shouldn't marry someone who is from a different background.
D	Raphaël does not want to stay single all his life.

[2 marks]

0 2 Cinema and TV

Read what these two people say in a forum about cinema and TV. Identify the people.

Write A   (Alice)
      B   (Benoît)
      A + B (Alice + Benoît)

Vas-tu souvent au cinéma?			
Alice 	Pas trop souvent. Les billets sont assez chers et la plupart du temps on peut voir les mêmes films chez soi. Mais s'il s'agit de l'anniversaire d'un ami, par exemple, il vaut la peine d'y aller.	Benoît 	Comme famille on va au cinéma assez régulièrement, je dirais une fois par mois peut-être, surtout les jours fériés ou pour faire la fête.

0 2 · 1 Who goes to the cinema on special occasions?

[1 mark]

Quel genre de film aimes-tu le plus?			
Alice 	Je n'ai pas de genre préféré; il y a beaucoup de films que j'adore … en fin de compte, les films que j'aime le plus sont toujours amusants et drôles … il faut bien s'amuser et passer la soirée en rigolant.	Benoît 	J'aime bien l'aventure et l'action! Cependant, si le film ne me fait pas rire, ce n'est pas pour moi!

0 2 · 2 Who enjoys comedy films?

[1 mark]

Que penses-tu des émissions télé réalité?			
Alice 	Tout dépend de l'émission – par exemple, à mon avis *Nouvelle Star* offre la possibilité à de jeunes talents de réaliser leur rêve et de changer leur vie, d'autres séries ne sont pas si intéressantes.	Benoît 	Avant j'aimais les regarder, mais maintenant il y en a trop et je m'ennuie de regarder les gens qui se disputent dans une maison pendant les mois.

0 2 · 3 Who has changed their opinion about reality TV programmes?

[1 mark]

0 2 · 4 Who has a negative opinion towards reality TV?

[1 mark]

0 3 Holidays

You are doing a project about young people and holidays. Read these posts that you find on a French website.

Answer the questions in **English**.

	*Lucille* a écrit: Les vacances en famille … oui, c'est sûr on devrait tous vouloir partir avec ses parents et ses frères et sœurs, mais moi ça ne me plaît pas du tout. Les règles et les sorties qui m'ennuient … non merci. Qui ne préférerait pas la liberté avec ses amis!
	Abdul a écrit: Lucille … comment peux-tu dire ça? N'as-tu pas honte de ne pas vouloir passer tes vacances avec ta famille? On grandit tellement vite alors moi, je veux vraiment passer autant de temps que possible avec mes proches.

0 3 · 1 What does Lucille think about spending her holiday with her family?

.... [1 mark]

0 3 · 2 How does Abdul react to what Lucille has written?

.... [1 mark]

0 3 · 3 Why does Abdul think that family holidays are important?

.... [1 mark]

0 4 At the Hairdresser's

Read this extract from the *Petit Nicolas* stories by Sempé-Goscinny. Nicolas tells the story of going to get his hair cut.

Le coiffeur qui s'appelait Marcel, d'une voix toute tremblante, a dit:

– Bon, je suis libre, qui est le premier d'entre vous?

Moi, j'ai répondu que j'étais le premier, et non seulement que j'étais le premier, mais que j'étais le seul. M. Marcel a regardé mes trois copains et il a demandé:

– Et eux?

– Nous, on vient pour rigoler, a répondu Alceste.

– Oui, a dit Clotaire, quand Nicolas sort de chez vous, il a l'air d'un guignol*, on veut voir comment vous faites.

M. Marcel est devenu tout rouge.

– Voulez-vous partir d'ici tout de suite! Ce n'est pas la cour de récréation, ici! [...]

Mais Rufus, Clotaire et Alceste ne voulaient pas partir de la boutique.

– Si vous nous faites sortir, a dit Rufus, je me plaindrai à mon papa, qui est agent de police!

– Et moi, a dit Alceste, je le dirai à mon papa à moi, qui est un ami du papa de Rufus!

L'autre coiffeur s'est approché et il a dit:

– Du calme, du calme. Vous pouvez rester, les enfants, mais vous allez être sages, n'est-ce pas?

*un guignol = puppet, clown

0 4 · 1 How does M. Marcel feel, at the beginning, about seeing Nicolas and his friends in his hairdressing shop?

A	Pleased
B	Nervous
C	Curious

Write the correct letter in the box.

[1 mark]

0 4 · 2 Give **one** reason why Nicolas' friends have come with him to the hairdresser's.

Answer in **English**.

_____

_____

[1 mark]

0 4 · 3 What makes the hairdresser change his mind and let Nicolas' friends stay?

Answer in **English**.

_____

_____

[1 mark]

0 4 · 4 What does the hairdresser say the boys must be, if he allows them to stay?

A	Quiet
B	Polite
C	Well-behaved

Write the correct letter in the box.

[1 mark]

0 5 The Environment

You read this article in a Belgian magazine. Laurence has written in to explain what her school does to help protect the environment.

Read the article and answer the questions in **English**.

Votre lycée est-il propre?

Notre lycée est beaucoup plus propre qu'il y a un an et notre directeur vient de nous dire qu'il en était très fier. Et comment? Notre lycée a dû acheter beaucoup plus de poubelles récemment pour encourager les jeunes à ne pas jeter leurs déchets par terre… Apparemment il n'y avait pas assez de poubelles partout. Il est vraiment dommage d'avoir acheté plus de poubelles – quel gaspillage! Le lycée aurait dû nous encourager à utiliser celles qu'on avait déjà! Le problème c'est la paresse! La plupart des jeunes dans mon lycée ne veulent pas marcher ni se lever pour utiliser les poubelles. C'est comme le bus… le lycée devrait encourager les élèves à ne pas utiliser les transports en commun parce que la plupart n'ont vraiment pas besoin de les prendre – ils habitent si près!

---

0 5 · 1 What is the head teacher proud of?

_____

[1 mark]

0 5 · 2 How does Laurence feel about the purchase of more rubbish bins?

_____

[1 mark]

0 5 · 3 What reason does she give for feeling like this?

_____

[1 mark]

0 5 · 4 According to Laurence, what are the other pupils like?

_____

[1 mark]

Practice Exam Paper 3: Reading

0 6 The Festival of Music

Your French friend has sent you a magazine. You read this article about the Festival of Music.

La Fête de la Musique célèbre la musique vivante, la diversité des pratiques musicales et tous les genres musicaux en France. Elle est ouverte à tous les musiciens, amateurs de tous niveaux ou professionnel. Les musiciens de tous les âges jouent bénévolement et les concerts sont gratuits pour tout le monde. Chaque année on choisit un thème différent pour la fête, mais la date reste toujours pareil – le 21 juin, jour du solstice d'été.

La fête de la musique est majoritairement une manifestation de plein air qui se déroule dans les rues, les jardins publics et les places dans les villes et les villages partout en France. Mais c'est aussi l'occasion d'ouvrir au public des lieux qui ne sont pas traditionnellement des lieux de concerts, comme des musées et des hôpitaux.

Depuis sa création en 1982, la fête de la musique devient l'une des plus grandes manifestations culturelles françaises. L'an dernier, plus de dix millions de Français sont descendus dans les rues pour en participer, sans compter les 4,5 millions de téléspectateurs qui ont regardé des émissions diffusées en direct. La fête a pris une ampleur considérable à l'étranger aussi et plus de 120 pays l'ont célébré partout au monde.

06·1 Who can take part in the Festival of Music?

A	only professional musicians
B	only amateur musicians
C	both professional and amateur musicians

Write the correct letter in the box.

[1 mark]

06·2 Why is the Festival of Music so popular?

A	the musicians are well paid
B	the organisers raise money for charity
C	the concerts are free

Write the correct letter in the box.

[1 mark]

06·3 Where do most of the concerts take place?

A	outdoors
B	indoors
C	in museums and hospitals

Write the correct letter in the box.

[1 mark]

06·4 How many French people participated in the event last year?

A	about 4.5 million
B	over 10 million
C	more than 120 million

Write the correct letter in the box.

[1 mark]

Practice Exam Paper 3: Reading

0 7 Mobile Phones

You have texted your French friend Noémie about the banning of mobile phones in school.

Read her reply and answer the questions in **English**.

> À mon lycée, comme dans la majorité des établissements scolaires, il est interdit d'utiliser son portable. Tous mes amis trouvent ça injuste, en disant que la technologie portable est essentielle pour se tenir au courant ou de contacter quelqu'un en cas d'urgence. Cependant, moi, je suis d'autre avis. Avec l'accès internet, il est trop facile de tricher en classe ou dans une épreuve, puisqu'on peut trouver rapidement des informations sur tout.
>
> Options   Exit

0 7 · 1 How does Noémie feel about the banning of mobile phones in her school?

....

[1 mark]

0 7 · 2 Give a reason for her view.

....

[1 mark]

0 8 Health and Sport

A French doctor's blog discusses the results of a recent survey on physical activity.

Read the blog and answer the questions in **English**.

Les jeunes français ne font pas assez de sport!

Une étude récente révèle que moins de la moitié des adolescents (15–17 ans) atteint un niveau d'activité physique « entraînant des bénéfices pour la santé ».

La différence entre les sexes est marquée: plus de 6 garçons sur 10 atteignent un niveau d'activité physique favorable à la santé, alors que moins d'une fille sur 4 est concernée.

17% des adolescents ont un faible niveau d'activité physique.

Le problème? Trop de jeunes ont une image négative de l'activité physique.

Faire du sport, ce n'est pas forcément se prendre la tête à courir autour d'une piste ou à se rentrer dedans en pratiquant un sport traumatisant comme le rugby.

Faire du sport, c'est aussi marcher sur une plage, aller nager dans la mer et pourquoi pas prendre quelques vagues sur une planche de surf?

---

0 8 · 1 According to the survey, how many 15–17 year olds do enough physical activity?

....

[1 mark]

0 8 · 2 What is particularly noticeable in the results of the survey?

....

[1 mark]

0 8 · 3 According to the doctor, what causes the problem for too many young people?

....

[1 mark]

0 8 · 4 He suggests that more people could

A	climb mountains
B	go surfing
C	play rugby

[1 mark]

Practice Exam Paper 3: Reading

0 9 School Life

You have emailed your French friend Émilie about life in school. Read her reply and answer the questions in **English**.

Moi, je trouve que la vie dans mon école n'est pas facile!

D'abord il y a le règlement! Déjà le maquillage est interdit, et mon prof a dit que c'est parce qu'on portait trop. Mais moi, je suis ado et je veux être jolie entre mes amis! Le proviseur a décidé que les téléphones portables ne sont pas permis dans les cours. Il a dit que c'est parce qu'ils sont une distraction. Je veux l'utiliser pour trouver des sites internet ou pour ses fonctions comme calculatrice.

Puis il y a la pression parce que cette année je passe mes examens et je veux réussir. Mais je suis trop fatiguée parce que la journée scolaire est trop longue. On commence à huit heures et quart et on finit à dix-sept heures.

C'est comme ça dans ton école?

Complete the grids below in English to indicate what the problems were and why.

Example

	Reason	Complaint
Make-up banned	*Too much worn*	*Wants to look pretty*

0 9 · 1

	Reason	Complaint
Mobile phones not allowed in class		

[2 marks]

0 9 · 2

	Reason	Complaint
Pressures		

[2 marks]

Section B   Questions and answers in **French**

1 0   Belle et Sébastien

Lisez cet extrait du livre *Belle et Sébastien* de Cécile Aubry. Belle est une chienne et Sébastien, un petit garçon, qui vient de la trouver dans les montagnes.

Complétez le texte suivant avec les mots de la liste ci-dessous.

Écrivez la bonne lettre dans chaque case.

> **Example**
>
> «Moi? Je G comme tout le monde moi…Tu promets de rentrer un peu plus ☐ que d'habitude?»
>
> «Oui», accepta Sébastien, «je rentrerai aussitôt que ☐ commencera à tomber. Pour Angelina et aussi parce que Belle doit manger son lard. Tu sais, je crois que maintenant elle ne chasse plus, elle préfère la soupe qu'Angelina lui ☐! Je la pose tous les soirs au pied de l'escalier et ☐ il n'y a plus rien. Il n'y a pas longtemps de ça, tu sais, deux ou trois jours seulement. Avant elle ☐ mais elle ne touchait pas à la soupe.»

A	prépare
B	tôt
C	s'approchait
D	mange
E	le matin
F	rapide
G	déjeune
H	la nuit
I	ne venait pas

[5 marks]

Practice Exam Paper 3: Reading

1 1 Un E-mail

Lisez l'e-mail de Bradley qui parle de la santé.

From: Brad624@hotmail.fr

Subject: **Ma vie saine**

Salut!

Tu m'as demandé si je suis sportif et sain! Eh bien, je dirais que oui, mais je ne suis pas parfait bien sûr! Le problème, c'est que j'aime plus manger que faire du sport!

Je mange des aliments pas trop sucrés. Par exemple, j'évite les pâtisseries et les sodas parce que je sais qu'ils ne sont pas bons pour la ligne. Je ne mange pas assez de fruits ni des légumes, même si je préfère la nourriture végétarienne aux viandes. Le poisson, j'aime bien ça, mais je n'en mange pas assez.

Je fais du sport, mais je pourrais en faire encore plus. Je fais du jogging de temps en temps, mais je trouve ça ennuyeux. Je préfère les sports d'équipe. Je vais essayer de jouer au foot avec mes amis pendant l'été et j'ai l'intention de faire un peu de natation.

À plus!

Bradley

Répondez aux questions en français.

Exemple: Pourquoi Bradley n'est-il pas parfait selon lui?

Il préfère manger plutôt que faire du sport.

1 1 · 1 Qu'est-ce que Bradley évite de manger et de boire?

[1 mark]

1 1 · 2 Qu'est-ce qu'il aime manger, mais qu'il ne mange pas en quantité suffisante?

[2 marks]

1 1 · 3 Que pense Bradley du jogging?

....

[1 mark]

1 1 · 4 Que va-t-il faire pour être plus actif?

....

[2 marks]

1 2 Les Boulots

Lisez ces conseils trouvés dans le magazine 'Au travail!'

Il est facile de penser que l'argent est la chose la plus importante dans la vie. Mais ce n'est pas toujours le cas. Avant de choisir sa carrière il faut bien réfléchir aux conséquences de ses choix. Généralement, on est bien payé lorsqu'on doit voyager pour son travail et passer beaucoup de temps au bureau. C'est bien quand on est jeune, mais est-ce toujours le cas quand on est marié et qu'on a de jeunes enfants?

1 2 · 1 Que devrait-on considérer en choisissant sa future carrière?

A	Le trajet
B	Les sacrifices
C	La durée du contrat

[2 marks]

Sylvain était comptable mais il l'a laissé pour devenir plombier.

«Je voulais travailler à mon compte. Oui je gagne un peu moins d'argent, et il y a des jours où je travaille de longues heures, mais je suis mon propre chef. Je décide de mes disponibilités et de la quantité de travail que je peux accepter.»

1 2 · 2 Pourquoi Sylvain a-t-il changé de carrière?

A	Plus d'indépendance
B	Plus d'argent
C	Moins d'heures

[2 marks]

1 3 Un Séjour dans les Montagnes

Lisez ce rapport sur un séjour dans les Alpes. Répondez aux questions en français.

La famille Hébras vient aux Alpes chaque été pour fuir la circulation et le bruit de sa ville de Bordeaux. Hugo, Marine et leurs enfants restent pour une quinzaine de jours dans un gîte.

Ils viennent parce que la vie ici est plus calme. Pas de rues sales, et pas de loyers chers.

«Mais ce n'est qu'une vacances» dit Hugo. «Moi, j'aime bien me reposer ici mais on a besoin d'une voiture. En ville les transports en commun sont fréquents donc on peut aller au travail en bus. En plus si un de mes enfants veut aller chez un ami, il peut y aller à pied. Ici il faut aller en voiture!»

1 3 · 1 Mentionnez deux problèmes de la vie en ville.

1 ....

[1 mark]

2 ....

[1 mark]

1 3 · 2 Mentionnez un problème de la vie dans les montagnes.

....

[1 mark]

Section C   Translation into **English**

1 4   Your sister has seen this post on Facebook and asks you to translate it for her into **English**.

[9 marks]

> Nous allons de temps en temps aux grands concerts à Paris, parce qu'on peut toujours voir les groupes les plus populaires. La dernière fois que j'y suis allé, on a utilisé les transports en commun pour arriver au stade. Même si c'est pire pour l'environnement, mes amis préfèreraient prendre un taxi à l'avenir!

END OF QUESTIONS

Collins

GCSE
French
Higher Tier Paper 4 Writing

Time allowed: 1 hour 15 minutes

Instructions

- Use black ink or black ball-point pen.
- You must answer **three** questions.
- Answer all questions in **French.**
- Answer the questions in the spaces provided.

Information

- The marks for questions are shown in brackets.
- The maximum mark for this paper is 60.
- You must **not** use a dictionary during this test.
- In order to score the highest marks for Question 1 you must write something about each bullet point. You must use a variety of vocabulary and structures and include your opinions.
- In order to score the highest marks in Question 2 you must write something about both bullet points. You must use a variety of vocabulary and structures and include your opinions and reasons.

Name: ....

Question 1

Vous décrivez votre école pour votre blog.

Décrivez:

- vos matières préférées
- l'école et ses profs
- une journée scolaire récente
- vos projets pour l'année prochaine

Écrivez environ 90 mots en français. Répondez à chaque aspect de la question.

[16 marks]

Question 2

Vous écrivez un article sur les vacances pour un magazine français.

Décrivez:

- les activités que vous aimez normalement faire en vacances.
- des vacances désastreuses.

Écrivez environ 150 mots en français. Répondez aux deux aspects de la question.

[32 marks]

Question 3

Translate the following passage into **French**.

I use social media to stay in contact with my friends. It's very useful, because you can send messages, or share photos. Last weekend, I bought a tablet which is quicker than my computer and I did some research for my homework. Tomorrow, I am going to do some online shopping and I would like to download some music.

[12 marks]

END OF QUESTIONS

Answers

Me, My Family and Friends

Pages 4–5: My Family, My Friends & Marriage and Partnership

1. a) mon grand-père [1]
    b) ma tante [1]
    c) mon neveu [1]
    d) mon beau-frère [1]
    e) ma cousine [1]
    f) ma belle-mère [1]

2. Answers will vary. Example answer:
    (Description of boy) Il est toujours aimable et de bonne humeur. [2] Il n'est jamais égoïste ou têtu. [2]
    (Description of girl) Elle est toujours triste et agaçante. [2] Elle n'est jamais gentille ou heureuse. [2]

3. Answers will vary. Example answers:
    a) Je m'entends bien avec ma mère parce qu'elle est toujours patiente et gentille. [2]
    b) Je ne m'entends pas très bien avec mon cousin, puisqu'il n'est jamais sage ou aimable. [2]
    c) Je me dispute souvent avec ma sœur cadette, car elle est trop têtue et égoïste. [2]

4. Ma meilleure copine est mince et un peu plus grande que moi. [1]
    Elle a les yeux noisette et les cheveux noirs, courts et raides. [1]
    On se connaît depuis sept ans et on s'entend très bien ensemble. [1]
    Elle est toujours honnête et elle n'est jamais jalouse ou fâchée contre moi. [1]
    On a beaucoup de choses en commun. On aime la même musique et les mêmes films. [1]
    En plus, on a le même sens de l'humour, donc elle me fait toujours rire. [1]
    On se retrouve en ville tous les week-ends et on fait les magasins ensemble. [1]

5. Answers will vary. [10]

> **Tip**
> You can adapt the text in exercise 4 to describe your best friend. Make sure adjectives agree and that you use the correct definite article in 'le / la / les même(s)...' to match the noun that follows.

6. Pour le mariage:
    b) Je voudrais me *marier* un jour. [2]
    e) C'est mieux pour les *enfants* si on est mariés. [2]
    Contre le mariage:
    a) Je préférerais *rester* célibataire. [2]
    c) Le mariage se *termine* souvent par un divorce. [2]
    d) À mon avis, le mariage, c'est *complètement* démodé. [2]
    f) Il vaut mieux habiter *ensemble* au lieu de se marier. [2]

Pages 6–7: Social Media & Mobile Technology

1. a) Je *passe* beaucoup de temps en ligne. [1]
    b) Je *vais* sur mes sites web préférés. [1]
    c) J'*envoie* et je *reçois* des messages. [2]
    d) Je *fais* des recherches pour mes devoirs. [1]
    e) Je *mets* des photos en ligne. [1]
    f) Je *tape* sur le clavier, je *clique* sur la souris et j'*imprime* des documents sur l'imprimante. [3]

2. Answers will vary. Example answer:
    Chaque jour, je vais sur mes sites web préférés. [1]
    Souvent, je reçois et j'envoie des messages. [1]
    Quelquefois, je fais des recherches pour mes devoirs. [1]
    Une fois par semaine, je mets des photos en ligne. [1]
    De temps en temps, j'imprime des documents. [1]

> **Tip**
> Saying how often you do things enhances what you say or write. Make sure you know a range of expressions of frequency.

3. a) ✗ Il ne faut jamais partager ses détails personnels. [1]
    b) ✓ Il faut installer un logiciel anti-virus. [1]
    c) ✗ Il ne faut pas communiquer avec des inconnus. [1]
    d) ✗ Il ne faut jamais révéler son mot de passe. [1]
    e) ✓ Il faut changer régulièrement son mot de passe. [1]

4. a) Karim [1]
    b) Alizée [1]
    c) Nolan [1]
    d) Mélissa [1]
    e) Lola [1]
    f) Hugo [1]
    g) Yasmine [1]
    h) William [1]

5. a) Tous les jours / Chaque jour, j'envoie des SMS à mes amis / copains. [2]
    b) J'utilise mon portable pour télécharger et écouter de la musique. [2]
    c) Hier, j'ai acheté le dernière modèle, mais c'était il m'a coûté cher. [2]
    d) Demain, je vais faire des recherches pour mes devoirs. [2]

Free-time Activities

Pages 8–9: Music & Cinema and TV

1. • Écoutes-tu souvent la musique?
      Oui, je télécharge la musique et je l'écoute sur mon lecteur MP3 ou mon portable tous les jours. [1]
    • Quel genre de musique préfères-tu?
      Je m'intéresse à tous styles de musique, mais le genre que j'aime le plus, c'est la musique pop. [1]
    • Est-ce que tu as un chanteur ou une chanteuse préféré(e)?
      Ma chanteuse anglaise préférée c'est Adele. Elle a une voix superbe et elle écrit des chansons fabuleuses. [1]
    • Pourquoi aimes-tu ses chansons?
      Parce que j'adore les mélodies et en plus, même si les paroles sont tristes, ses chansons me détendent. [1]
    • Es-tu déjà allé(e) à un concert ou un festival de musique?
      Oui, l'été dernier j'avais la chance de voir mon groupe favori en tournée. C'était magnifique! [1]

2. Examples:
J'adore la musique pop parce que les chansons me rendent heureux; J'aime mieux l'électro à cause du rythme vif; Je m'intéresse au vieux rock parce que la mélodie me plaît; Je ne suis pas fana du reggae à cause des paroles monotones. **[5]**

3. La musique <u>joue</u> **[1]** un rôle important dans la vie de ma famille. Mes parents se sont <u>rencontrés</u> **[1]** à un festival de musique <u>où</u> **[1]** mon père jouait dans un groupe. Nous avons <u>toujours</u> **[1]** écouté de la musique chez nous et on n'a <u>jamais</u> **[1]** choisi un genre préféré. Mes sœurs <u>chantent</u> **[1]** dans une chorale mais mon frère aîné aime <u>mieux</u> **[1]** jouer du violon dans un orchestre. Mon père joue toujours de la guitare, <u>même si</u> **[1]** ma mère dit que ses chansons sont démodées.

4. Examples:
a) Personnellement, je préfère les comédies parce qu'elles sont amusantes. **[2] b)** Quelquefois j'aime regarder les documentaires même s'ils sont tristes. **[2] c)** Je ne regarde jamais les films d'horreur car ils me font peur. **[2] d)** Le genre de films que j'aime le plus, c'est les dessins animés parce qu'ils me font rire. **[2] e)** Mes émissions préférées à la télé sont les jeux télévisés même s'ils ne sont pas éducatifs. **[2]**

5. a) Le film a lieu en Allemagne pendant la guerre. **[1]**
b) Il s'agit d'une fille qui veut retrouver sa famille. **[1]**
c) Il s'agit des soldats qui éliminent les adversaires. **[1]**

Pages 10–11: Food and Eating Out, Sport & Customs and Festivals

1. a) assiette de charcuterie **[1]**; **b)** thon mariné aux épices **[1]**; **c)** foie gras de canard **[1]**; **d)** entrecôte de bœuf poivré **[1]**; **e)** poêlée de légumes **[1]**; **f)** côtelette d'agneau **[1]**; **g)** haricots verts sautés à l'ail **[1]**; **h)** filet de veau **[1]**; **i)** figues rôties **[1]**; **j)** noix de coco **[1]**

2. a) a starter, a main course and a dessert are included in the €39.00 price **[1]**; **b)** drinks are not included **[1]**; **c)** this menu is not available on Bank Holidays **[1]**; **d)** the maximum group size is 10 (ten) people. **[1]**

3. Own answer. **[4]**

4. a) When I was younger, I wanted to go horse-riding. **[1]** **b)** In the past, my sister loved walking in the mountains. **[1] c)** Nowadays she is a winter sports enthusiast. **[1] d)** Before I used to go mountain-biking every Saturday, but now I no longer have any free time. **[1] e)** We would like to try extreme sports, even if they are a bit dangerous! **[1]**

5. a) Je joue au volley au centre sportif. **[1] b)** J'allais à la piscine trois fois par semaine. **[1] c)** Quand j'étais plus jeune, je voulais faire du skate. **[1] d)** Avant j'allais à la pêche tous les week-ends, mais maintenant je préfère les sports d'équipe. **[1] e)** Nous voudrions essayer les sports nautiques. **[1]**

6. Example sentences:

Pour célébrer Noël / Ramadan je crois qu'il est important d'aller à l'église / à la mosquée. **[1]**
Il n'est pas important de recevoir des cadeaux. **[1]**
Le jour de la fête nationale je pense qu'on (ne) doit (pas) danser dans les rues. **[1]**
Pour fêter un mariage, l'essentiel est de féliciter les nouveaux mariés. **[1]**

Pendant les fêtes traditionnelles à mon avis, on doit chanter des chansons traditionnelles. **[1]**
Pendant les jours fériés je pense qu'il faut manger des repas traditionnels. **[1]**
(1 mark for each sentence, up to a maximum of 4 marks.)

Environment and Social Issues

Pages 12–13: At Home, Where I Live & Town or Country?

1. 1. e) **[1]**
2. c) **[1]**
3. a) **[1]**
4. f) **[1]**
5. b) **[1]**
6. d) **[1]**

2. a) maison **[1]**
b) huit **[1]**
c) côté **[1]**
d) grande **[1]**
e) nettoie **[1]**
f) mur **[1]**

3. Answers will vary. Example answers:
J'ai dépensé tout mon argent. **[2]**
J'ai mangé une pizza. **[2]**
J'ai perdu mon porte-monnaie. **[2]**
J'ai acheté une robe. **[2]**
J'ai essayé un pantalon. **[2]**

4. a) Simon **[1]**
b) Karim **[1]**
c) Georges **[1]**
d) Karine **[1]**
e) Benoît **[1]**
f) Mélissa **[1]**

5. a) Ma chambre est toujours propre. **[2]**
b) À l'étage il y a quatre chambres. **[2]**
c) La salle de bains se trouve en face du bureau. **[2]**
d) Il n'y a pas de marché ni de centre commercial, mais on peut se garer gratuitement. **[2]**
e) Il y a plus de circulation en ville qu'à la campagne. **[2]**

Pages 14–15: Charity and Voluntary Work & Healthy and Unhealthy Living

1. Example sentences:
Je voudrais aider les SDF. **[1]**
J'aimerais livrer des médicaments. **[1]**
Je voudrais faire des collectes d'argent. **[1]**
J'aimerais visiter les personnes âgées. **[1]**
(1 mark for each sentence, up to a maximum of 5 marks.)

2. Example responses:
Je voudrais aider les SDF. – I would like to help the homeless. **[2]**
J'aimerais livrer des médicaments. – I would like to deliver medicines. **[2]**
Je voudrais faire des collectes d'argent. – I would like to collect money for charity. **[2]**
J'aimerais rendre visite à des personnes âgées. – I would like to visit older people. **[2]**
(2 marks for each sentence, up to a maximum of 10 marks.)

3. a) Il faut manger sainement. **[1]**
b) Je garde la forme parce que je mange bien. **[1]**
c) Je vais essayer de faire un régime. **[1]**

4. 1. b) [1]
    2. d) [1]
    3. c) [1]
    4. g) [1]
    5. e) [1]
    6. f) [1]
    7. a) [1]

5. a) He delivered medication. [1]
    b) Go to Africa to help there. [1]
    c) Drinking water. [1]

6. a) Je reste en forme parce que je dors bien / j'ai suffisamment de sommeil. [2]
    b) Je ne mange pas de produits malsains. [2]
    c) Il faut manger sainement. [2]
    d) Elle mange toujours équilibré. [2]
    e) Ma mère a arrêté de fumer. [2]

Pages 16–17: The Environment & Poverty and Insecurity

1. a) We mustn't **[1]** waste **[1]** our natural resources **[1]**.
    b) It is important **[1]** to protect **[1]** our environment **[1]** by recycling **[1]** more **[1]**.
    c) I think that **[1]** we should **[1]** encourage **[1]** everyone **[1]** to sort out **[1]** their rubbish **[1]**.

2. a) Je pense qu' **[1]** il est important de **[1]** protéger **[1]** nos ressources naturelles **[1]**.
    b) On devrait **[1]** protéger **[1]** notre environnement **[1]** en triant **[1]** nos déchets **[1]**.
    c) Il y a **[1]** de plus en plus de **[1]** gens **[1]** qui **[1]** gaspillent **[1]** l'énergie **[1]**.

3. a) 5% **[1]** b) 10% **[1]** c) 25% **[1]** d) 15% **[1]** e) 5% **[1]**

4. a) [dans ma ville] il y a de plus en plus de personnes qui sont au chômage [dans ma ville] [1]
    In my town there are more and more people who are unemployed. [1]
    b) [dans mon village] le nombre de sans-abris augmente rapidement [dans mon village] [1]
    In my village the number of homeless people is increasing rapidly. [1]
    c) malheureusement on voit de plus en plus de pauvreté dans ma ville [1]
    Unfortunately we can see more and more poverty in my town. [1]
    d) l'augmentation des bandes dans mon quartier est un souci pour tout le monde [1]
    The increase of gangs in my neighbourhood is a worry for everyone. [1]

5. a) maintenant **[1]**   b) chômage **[1]**   c) avant **[1]**
    d) était **[1]**   e) active **[1]**   f) sans-abris **[1]**
    g) davantage **[1]**   h) combattre **[1]**

Travel and Tourism

Pages 18–19: Travel and Tourism 1, 2 and 3

1. 1. Karim [1]
    2. Isidor [1]
    3. Isidor [1]
    4. Isidor [1]
    5. Karim [1]

2. 1. Farida [1]
    2. Hugo [1]
    3. Laure [1]
    4. Sylvie [1]
    5. Martin [1]

3. a) true [1]
    b) false [1]
    c) false [1]
    d) true [1]
    e) false [1]

4. a) Next year I would like to stay in a villa. [1]
    b) Normally I go on holiday in the mountains with my family for two weeks. [1]
    c) Last summer I spent one month in a youth hostel in the countryside. [1]
    d) Two years ago we spent our holiday in a 3 star campsite by the sea. [1]
    e) Usually I like to get up very late because I like to have a lie-in on holiday. [1]

Studies and Employment

Pages 20–21: My Studies and Life at School

1. French [1]
    PE [1]
    Art [1]
    Chemistry [1]
    German [1]

2. a) Yann [1]
    b) Amélie [1]
    c) He finds it easy. [1]
    d) Her teacher thinks she is very good at it **[1]**, she thinks that she is a bit weak at it **[1]**.
    e) She loves it **[1]** but she is weak at it **[1]**.
    f) It's practical **[1]** and the teacher is funny **[1]**.

3. seconde [1]
    aime [1]
    commence [1]
    cours [1]
    pause [1]
    car [1]
    maquillage [1]
    porte [1]

4. a) This summer I am going to sit my exams. [2]
    b) If you don't understand you must ask a teacher. [2]
    c) I bring my own lunch to school. [2]
    d) Fabrice must resit the year because he did not pass his exams. [2]
    e) There is too much pressure for the students. [2]

Pages 22–23: Education Post-16 & Career Choices and Ambitions

1. 1. b) [1]
    2. f) [1]
    3. e) [1]
    4. d) [1]
    5. c) [1]
    6. a) [1]

2. a) David [1]
    b) Simone [1]
    c) Farah [1]
    d) Rachel [1]
    e) Justine [1]
    f) Lisa [1]

3. a) Je voudrais aller à la fac l'année prochaine. [2]
    b) J'ai laissé tomber le dessin l'année dernière. [2]
    c) J'ai l'intention de voyager quand j'aurai quitté l'école. [2]
    d) Je vais aller à la fac. [2]
    e) Je n'ai aucune idée de ce que je veux faire. [2]

4. a) interesting, varied, includes travel, well paid (any 2) [2]
   b) plumber [1]
   c) rewarding, he likes working for himself, he earns enough money (any 2) [2]
   d) boss [1]
   e) on the beach, United States [2]

5. Example paragraph:
L'année prochaine j'ai l'intention de continuer mes études parce que je voudrais aller à la fac pour étudier les sciences. À l'avenir je vais être ingénieur et je serai riche et célèbre. Je gagnerai deux cent mille euros par an. J'habiterai en Suisse ou j'aurai une grande maison à la campagne. Tous les jours je ferai du ski et je serai très heureux et en forme. [10]

Grammar 1

Pages 24–25: Gender, Plurals and Articles & Adjectives

1.

Singular		Plural	
un enfant (a child)		des **enfants** children)	[1]
une **fleur** (a flower)	[1]	des fleurs (flowers)	
un **animal** (an animal)	[1]	des animaux (animals)	
un chapeau (a hat)		des **chapeaux** (hats)	[1]
un **jeu** (a game)	[1]	des jeux (games)	
un Français (a French person)		des **Français** (French people)	[1]

2. a) Dans ma ville, il y a **une** piscine. **La** piscine est dans le centre sportif. [2]
   b) Dans mon village, il y a **un** café. **Le** café est tout près de ma maison. [2]
   c) Dans la rue où j'habite, il y a **des** magasins. **Les** magasins sont utiles. [2]
   d) Dans notre village, il y a **une** église. **L'**église est très vieille et historique. [2]
   e) Dans ma ville, il y a **un** centre commercial. **Le** centre commercial est énorme. [2]
   f) Dans le quartier où j'habite, il y a **des** restaurants, mais **les** restaurants sont trop chers. [2]

3. a) Tu veux **de la** glace? Elle est vraiment délicieuse. [1]
   b) Tu veux **du** fromage? Il a très bon goût. [1]
   c) Tu veux **des** carottes? Elles sont bonnes pour la santé.[1]
   d) Tu veux **de l'**eau? Il faut boire beaucoup d'eau. [1]
   e) Tu veux **du** gâteau? Il est au chocolat! [1]
   f) Tu veux **des** raisins? Ils ne coûtent pas trop chers. [1]

4. J'habite avec **mon** [1] père, **ma** [1] mère et mes deux frères. Notre maison est assez moderne, mais **notre** [1] jardin est très petit. Je partage ma chambre avec mon frère cadet: mon lit est dans le coin et **son** [1] lit est devant la fenêtre. Mon frère aîné a la meilleure chambre: **sa** [1] chambre est plus grande que la mienne. Nous avons aussi deux chiens. **Nos** [1] chiens s'appellent Boule et Bill. **Mes** [1] parents travaillent pour la même entreprise. **Leur** [1] bureau n'est pas loin de notre maison. Et toi? Il y a combien de personnes dans **ta** famille? Où travaillent **tes** [1] parents?

> **Tip**
> The possessive adjectives 'notre / nos' (our) and 'leur / leurs' (their) are often forgotten and can trip people up in an exam. Learn them carefully.

5. a) C'est un **bon** film. [2]
   b) C'est une **jolie** fille. [2]
   c) C'est une voiture **noire**. [2]
   d) Ce sont des garçons **intelligents**. [2]
   e) Ce sont les **meilleures** baskets. [2]

6. a) Ta / Votre maison est plus belle que ma maison. [2]
   b) Mon chien est moins intelligent que ton / votre chien. [2]
   c) Elle est la plus grande fille du collège. [2]

Pages 26–27: Adverbs and the Present Tense

1. a) Je n'ai pas beaucoup d'argent. J'ai **seulement** trois euros! [1]
   b) **Malheureusement,** je ne peux pas venir à ta fête, parce que je suis malade. [1]
   c) Tu marches trop **lentement**! Le film commence dans cinq minutes! [1]
   d) Oh, merci! Des chocolats! C'est **vraiment** très gentil. [1]
   e) Tu connais mon frère? Ah, oui, je le connais très **bien**. [1]
   f) Hier, j'étais malade, mais aujourd'hui, je vais beaucoup **mieux**. [1]

> **Tip**
> Adverbs like 'malheureusement', 'vraiment' and 'mieux' can be hard to spell correctly, but if spoken and written correctly, they will impress an examiner, so learn them by heart.

2.

Regular –er verb	Regular –ir verb	Regular –re verb
donner (to give)	choisir (to choose)	attendre (to wait)
je donne (I give) [1]	**je choisis** (I choose)[1]	**j'attends** (I wait) [1]
tu donnes (you give) [1]	**tu choisis** (you choose) [1]	**tu attends** (you wait) [1]
il /elle / on donne (he / she / one gives) [1]	**il / elle / on choisit** (he / she / one chooses) [1]	**il / elle / on attend** (he / she / one waits) [1]
nous donnons (we give) [1]	**nous choisissons** (we choose) [1]	**nous attendons** (we wait) [1]
vous donnez (you give) [1]	**vous choisissez** (you choose) [1]	**vous attendez** (you wait) [1]
ils / elles donnent (they give) [1]	**ils / elles choisissent** (they choose) [1]	**ils / elles attendent** (they wait) [1]

> **Tip**
> By learning the endings for regular –er, –ir and –re verbs, you can apply them to new verbs you come across. There are many, many verbs in French, so make sure you know how they work!

3. Verbs must be as shown. Rest of each sentence will vary. Example answers:
   a) Il **porte** un pantalon gris. [2]
   b) Nous **aidons** nos parents. [2]
   c) Elles **travaillent** dans un magasin de mode. [2]
   d) Tu **perds** souvent ton portable! [2]
   e) Je **réponds** à la question. [2]
   f) Vous **choisissez** quel dessert? [2]

4. a) Je *me* lève de bonne heure. (I get up early.) **[2]**
b) *Il* s'entend bien avec sa sœur. (He gets on well with his sister.) **[2]**
c) Mes parents *se* fâchent contre moi. (My parents get angry with me.) **[2]**
d) *Nous* nous amusons bien au parc. (We have fun in the park.) **[2]**
e) *Tu* te couches à quelle heure? (What time do you go to bed?) **[2]**
f) Vous *vous* ennuyez le dimanche? (Do you get bored on Sundays?) **[2]**

5. a) J'habite ici depuis cinq ans. **[1]**
b) Je fais du judo depuis deux ans. **[1]**
c) J'étudie le français depuis six ans. **[1]**

> **Tip**
> Remember, when translating, that you use **depuis** + the *present tense* to say how long something has been going on, even though we use a past tense (has / have been…), in English.

6. a) Écoute le professeur! **[1]**
b) Allez aux magasins! **[1]**

Grammar 2

Pages 28–29: Using Verbs in the Present Tense and Future Time-frame

1. a) Nous n'avons pas envie de rentrer. **[1] b)** Ils sont en train de tchatter en ligne. **[1] c)** Vous voulez sortir samedi soir? **[1] d)** Elles ne peuvent pas venir. **[1]** **e)** Vous me faites rigoler! **[1] f)** Nous allons passer des vacances à la plage. **[1]**

2.

+ Infinitive only		+ à + infinitive		+ de + infinitive	
adorer	**[1]**	apprendre	**[1]**	arrêter	**[1]**
aimer	**[1]**	commencer	**[1]**	décider	**[1]**
espérer	**[1]**	s'intéresser	**[1]**	essayer	**[1]**
préférer	**[1]**	réussir	**[1]**	éviter	**[1]**

3. a) Je vais passer le week-end à Paris. **[1] b)** Nous allons (On va) visiter la Tour Eiffel. **[1] c)** Nous allons (On va) manger dans un restaurant français renommé. **[1] d)** Les filles vont jouer au volley. **[1] e)** Vas-tu sortir ce soir? **[1]**

4. L'année prochaine **je vais rester / je resterai [1]** au collège. Si j'ai de bonnes notes, je vais **étudier / j'étudierai [1]** les sciences. **Ça va être / Ce sera [1]** plus amusant de choisir ce qu'on apprend! Après les examens, je **vais partir / je partirai [1]** en vacances avec mes copains. Nous **allons aller / nous irons [1]** à la campagne et nous **allons faire / nous ferons [1]** du camping sauvage. S'il fait beau, on **va (vouloir)/ on voudra [1]** essayer l'escalade et l'équitation. En fait, on **va (pouvoir) / on pourra [1]** faire tout ce qu'on veut! Quelle aventure!

5. If I were the Minister of the Environment, I would change a lot of things! Everyone would have to recycle (their) rubbish. Adults would not waste energy. Children would save water. The government would really want to protect endangered animals. It would be an ideal world. **[7]**

6. a) S'il pleuvait, nous ferions des achats en ville. **[1]**
b) S'il venait chez nous, on visiterait Paris. **[1]**

c) Si je réussissais à mon bac, je chercherais un emploi. **[1]**
d) Si j'avais plus d'argent, j'achèterais une voiture. **[1]**
e) Si je gagnais à la loterie, j'aiderais les sans-abris. **[1]**

Pages 30 and 31: Past Time-frame: Perfect Tense & Imperfect Tense and Pluperfect Tense

1. a) Nous **sommes** venus trop tard. **[1] b)** Je n'ai rien **bu**. **[1] c)** Ils /Elles** n'ont pas vu le film. **[1] d)** Elles **ne** sont **pas** parties en vacances. **[1] e)** Ils ont **mangé** des escargots. **[1]**

2. Own answer. **[10]**

3. a) Après avoir entendu les nouvelles, il a téléphoné à son copain. **[1] b)** Après avoir fait une promenade, nous avons mangé un gâteau au café. **[1] c)** Après être arrivés au marché de Noël, nous avons acheté des cadeaux. **[1] d)** Après s'être levée très tôt le matin, elle est partie à l'étranger. **[1]**

4. a) Elle ne voulait pas sortir. = She didn't want to go out. **[1] b)** Il y avait trop de monde. = There were too many people. **[1] c)** C'était trop bruyant. = It was too noisy. **[1] d)** Il faisait trop chaud. = It was too hot. **[1]**

5. a) Pour fêter mon dernier anniversaire, ma famille a organisé une surprise partie. **[1]**
b) Mes parents ont loué une salle dans le centre-ville, mais je n'en savais rien. **[2]**
c) Tous mes amis sont venus vers sept heures et demie – ils étaient très excités! **[2]**
d) Quand je suis arrivé(e) à huit heures, tout le monde se cachait derrière un grand rideau! **[2]**
e) C'était une soirée inoubliable – nous avons dansé et (nous avons) célébré jusqu'à minuit. **[3]**

6.

Infinitive	Perfect tense	Imperfect tense	Pluperfect tense
avoir	j'ai eu – I had	j'avais – I was having	j'avais eu – I had had
mettre	j'ai mis – I put **[1]**	je mettais – I was putting **[1]**	j'avais mis – I had put **[1]**
devoir	j'ai dû – I had to **[1]**	je devais – I had to **[1]**	j'avais dû – I had had to **[1]**
sortir	je suis sorti(e) – I went out **[1]**	je sortais – I was going out **[1]**	j'étais sorti(e) – I had gone out **[1]**
se coucher	je me suis couché(e) – I went to bed **[1]**	je me couchais – I was going to bed **[1]**	je m'étais couché(e) – I had gone to bed **[1]**

Grammar 3

Pages 32–33: Pronouns and Questions

1. a) les **[1]** **b)** la **[1]** **c)** les **[1]** **d)** l' **[1]** **e)** la **[1]**
2. a) elle **[1]**
b) elle **[1]**
c) nous **[1]**
d) ils **[1]**
e) elles **[1]**

3. a) Je ne les aime pas. [1]
   b) Je suis d'accord avec elle. [1]
   c) Je ne suis pas d'accord avec eux. [1]
   d) Je suis resté(e) chez moi hier. [1]
   e) Je ne les gaspille pas. [1]

4. a) qui [1]   b) où [1]   c) combien de temps [1]
   d) quand [1]   e) avec qui [1]   f) comment [1]
   g) pourquoi [1]   h) pour qui [1]

5. a) Est-ce que tu recycles? [1]
   b) Avec qui est-ce que tu vas en vacances
      normalement? [1]
   c) Pourquoi est-ce que tu gaspilles l'électricité? [1]
   d) Où est-ce que tu voudrais aller en vacances? [1]

6. Answers will vary. Suggested answers:
   Où es-tu allée en vacances? [1]
   Comment as-tu voyagé? Comment as-tu trouvé les
   vacances? [1]
   Pourquoi y es-tu allé(e)? [1]
   Quand as-tu voyagé? Quand es-tu parti(e)? Quand
   es-tu revenu(e)? [1]
   Avec qui es-tu allé(e) en vacances / avec qui as-tu
   passé tes vacances? [1]

Pages 34–35: Prepositions and Conjunctions & Subjunctive Mood and the Passive Voice

1. a) de [1]
   b) sans [1]
   c) pour [1]
   d) en [1]
   e) depuis [1]

2. a) selon ma mère [1]
   b) sans passer [1]
   c) pour protéger [1]
   d) parmi les problèmes [1]
   e) malgré mes efforts [1]

3. a) pourtant [1]
   b) alors [1]
   c) à cause de [1]
   d) donc [1]
   e) parce qu' [1]

4. a) comme = as [1]   lorsque = when [1]   si = if [1]
      puisque = since [1]   tandis que = whereas [1]
   b) 1. si [1]
      2. comme [1]
      3. puisque [1]
      4. lorsque [1]
      5. tandis que [1]

5. The sentences in the subjunctive are a and c. [5]

6. a) soit: subjunctive [1]
   b) est [1]
   c) fasse: subjunctive [1]
   d) puisse: subjunctive [1]
   e) est [1]

7. a) Although my town is quite modern, there are
      a lot of problems with poverty. [1]
   b) I don't doubt that the hotel is quite disappointing. [1]
   c) I must do more to protect the environment. [1]
   d) I am happy that my friend is able to come with
      us on holiday this summer. [1]
   e) Even if it is sometimes difficult to recycle, we must
      do our best. [1]

8. The sentences in the passive voice are a, c and d. [5]

Pages 36–47

Higher Tier Paper 1 Listening – Mark Scheme

Section A Questions and answers in English

1. E [1]; 2. C [1]; 3. A [1]; 4. D [1]; 5. C [1]; 6. C [1]; 7. A [1]
8.1 A [1]; 8.2 C [1]; 9.1 C [1]; 9.2 A [1]; 10.1 B [1]; 10.2 C [1]
11. Advantage: it's practical (when you live a long way
from shopping centres) [1]
Disadvantage: you / one can't try things on [1]
12. Advantage: compare prices (before buying) [1]
Disadvantage: (waiting for) delivery [1]
13. everything / necessary [1]; (more) (self-) confidence [1]
14. what they like / what they want [1]; all look the
same / dress in the same way [1]
15.1 he hates team sports [1]; 15.2 he likes doing water
sports (at the beach) / he would like to try wind-surfing /
it will be more fun than football [any two for 2 marks]
16.1 C [1]; 16.2 11am / 11 o'clock [1]; 16.3 have dinner /
cruise on the river [1]; go to one of the parks (with a
great view of the Eiffel Tower) [1]
17.1 the supermarket will offer a wide range of
cheaper items and more people will shop there [1];
17.2 the smaller shops may be forced to close as a
result [1]
18.1 more people will visit the town [1]; 18.2 infrastructure
(roads, public transport) will improve [1]
19.1 town should welcome new jobs and houses [1];
19.2 supermarket should give free advertising to local
businesses [1]
20.1 A [1]; 20.2 C [1]
21.1 A [1]; 21.2 B [1]
22.1 A [1]; 22.2 C [1]

Section B Questions and answers in French

23. A [1], E [1]; 24. C [1], D [1]
25.1. importante [1]; 25.2. facile [1]; 25.3. parler [1]; 25.4.
méchant [1]
26. (i) B [1] (ii) C [1]

Pages 48–50

Higher Tier Paper 2 Speaking – Mark Scheme

Role-play

Your teacher will start the role-play by saying an
introductory text such as:
Introduction: Tu discutes avec ton ami français des
problèmes d'environnement. Moi, je suis ton ami/e.
1. Teacher: **Quels sont les problèmes de l'environnement
   dans ta ville?**
   What are the environmental problems in your town?
   Student: **Dans ma ville il y a trop de circulation et il y a
   beaucoup de déchets par terre.**
   *In my town there is too much traffic and there is a lot
   of rubbish on the ground.*

Tip
Make sure you include two elements as required in
the question.

2. Unprepared question
   Teacher: **Qu'est-ce que tu fais pour protéger
   l'environnement dans ta ville?**
   *What do you do to protect the environment in
   your town?*

Student: Suggested answers: any of:
Je marche. / Je trie mes déchets. / Je ne prends pas la voiture. / Je vais à l'école en vélo.
I walk. / I sort out my rubbish. / I don't use the car. / I cycle to school.
[anything that you do to help protect the environment in the present tense]

3. Teacher: **Qu'est-ce que tu as fait récemment?**
What have you done recently?
Student: **Hier je suis allée à l'école à pied et j'ai recyclé mes déchets.**
Yesterday I walked to school and I recycled my rubbish.

4. Teacher: **À ton avis qu'est-ce qu'il faudrait changer dans ta ville pour améliorer la situation?**
In your opinion what should be changed in your town to help protect the environment?
Student: **Je pense qu'on devrait utiliser plus les transports en commun parce qu'il y a trop de voitures.**
I think that we should use public transport more because there are too many cars.

5. Asking a question
Student: **Est-ce que tu recycles chez toi?**
Do you recycle at home?

Teacher: **Oui je fais attention à ma consommation d'énergie**
Yes, I pay attention to my energy consumption.

Preparation tips

When you are preparing for your role-play consider:
- How many elements you need to include in each of your answers
- Whether you need to use 'tu' or 'vous'
- The tense that is expected – the tense will be inferred. For example, in this role-play we have the past implied by récemment (recently).

For the question you need to ask, examine the tense of the question and whether you are going to say 'tu' or 'vous'.

Photo Card

Example answers:

1st question
Sur la photo, il y a un groupe de jeunes gens qui sont assis sur un lit. Je pense qu'ils sont chez un d'eux. Ils s'amusent bien et ils rient beaucoup. C'est peut-être à cause d'une blague / une histoire drôle que quelqu'un a racontée. Il y a quatre filles et trois garçons et je crois qu'ils se connaissent bien et qu'ils sont très bons amis.

2nd question
À mon avis, il est très important d'avoir de bons amis, parce qu'il faut avoir quelqu'un avec qui on peut sortir, s'amuser et parler de ses problèmes. Pour moi, un bon ami est quelqu'un qui est toujours fidèle, qui n'est jamais de mauvaise humeur et avec qui on a beaucoup de choses en commun.

3rd question
D'habitude, je sors avec mes amis tous les week-ends. Normalement, on se retrouve en ville, on fait les magasins et ensuite on prend un casse-croûte quelque part. Samedi dernier, après avoir mangé une pizza, on est allés au cinéma ensemble. On a vu un film de science-fiction, mais je l'ai trouvé un peu ennuyeux. Le Samedi prochain, je pense qu'on va jouer au bowling. On va s'amuser bien!

You will be asked two further questions, on the same topic. Other questions you might be asked are:
- Décris-moi ton meilleur ami / ta meilleure amie. Il / Elle est comment?
- Pourquoi est-ce que tu t'entends bien avec lui / elle?
- Qu'est-ce que vous faites ensemble?
- Qu'est-ce que tu feras avec tes amis, le week-end prochain / pendant les vacances?
- À ton avis, quelles sont les qualités d'un(e) bon(ne) ami(e)?
- Comment est-ce qu'on peut se faire de nouveaux amis?

Prepare your answers to these questions, too!

General Conversation

Theme 2: Local, national, international and global areas of interest

Aimed at Foundation level candidate – 3–5 minutes

Comment est ta maison?

Tip
When faced with a descriptive question do not try to overcomplicate the language that you use. Get warmed up using simple sentences but extend them with grammatical features such as prepositions, as here. You could also add in an opinion or two.

J'habite dans une grande maison jumelée en ville. Il y a neuf pièces et un petit jardin. Au rez-de-chaussée il y a le salon et la salle à manger, qui se trouve en face de la cuisine. À l'étage il y a trois chambres, un bureau et la salle de bains. Ma chambre se trouve en face de la chambre de mes parents. J'adore ma maison parce que c'est grand!

Tu aimes ta chambre?

Tip
This question is asking for your opinion but it is also allowing you to use further description. Give reasons and examples. Try and be a bit unusual. Here a feature is made of the fact that this candidate likes a tidy bedroom.

Oui, j'adore ma chambre parce qu'elle est grande et toujours propre. Je nettoie ma chambre tous les week-ends. J'ai une grande armoire, une commode et beaucoup de posters au mur.

Qu'est-ce qu'il y a pour les jeunes dans ta ville?

Tip
While this is an opportunity to show off your vocabulary, resist the temptation to just list features. Pick a couple of items and work in phrases that might be higher level than the average candidate. Here the candidate has used 'on a besoin de...'

Il y a un centre commercial avec beaucoup de magasins. J'adore y aller avec mes amis pour les soldes parce que tout est bon marché. Il y a un parc qui se trouve près de la gare, mais il n'y a pas de cinéma. En plus on a besoin d'un cinéma.

Quels sont les bienfaits et désavantages d'habiter en campagne?

Tip
In a question such as this it is really important to give both sides of the argument. You have learned the vocabulary and you have discussed the arguments so structure your answer carefully. This example is from the perspective of someone who lives in the country; you might be different and live in town. Your teacher will adapt the questions accordingly.

Ici à la campagne il n'y a pas beaucoup de circulation et c'est calme et tranquille. C'est un endroit très propre et on voit les collines tous les matins. La ville est trop bruyante et chère. En revanche, on n'a pas de voisins et je dois me déplacer en voiture pour voir mes amis.

Qu'as tu fait le week-end dernier pour être en bonne santé?

Tip
Clearly here the examiner is looking for a past tense. Do remember though that you need to answer the specific question, not just give the past tense phrases that you happen to have learned. This thoughtful answer is structured around exercise first, then food and drink. The candidate has also shown off a verb that takes 'être' as the auxiliary when forming the perfect tense.

Le week-end dernier j'ai fait beaucoup de sport. Samedi matin je suis allé(e) à la piscine avec mon ami, et l'après-midi nous avons fait du vélo. Dimanche j'ai joué au rugby pour mon club local. J'ai évité les produits gras et j'ai bu plein d'eau minérale.

As-tu des projets pour vivre plus sainement?

Tip
Similarly, here the examiner is looking for a future tense. This is your opportunity to shine, but the 'aller + infinitive' future is perfectly sufficient here. Again, the candidate has spoken about exercise and nutrition, and has resisted the urge to list vocabulary.

Oui, l'année prochaine je vais aller au gymnase pour faire de la musculation. Pour le moment je suis trop jeune. Je vais continuer à manger sainement. Par exemple je vais éviter les aliments gras et je vais arrêter de manger des gâteaux. C'est ma faiblesse.

Theme 3: Current and future study and employment

Aimed at Higher level candidate – 5–7 minutes

Qu'est-ce que tu n'aimes pas comme matières? Pourquoi ?

Tip
This question presents an opportunity for candidates to give opinions and reasons, but also for abler candidates to expand a little with longer sentences using connectives. Note the way that this candidate uses 'à mon avis – in my opinion' to underline that this is his or her own opinion. 'Selon moi' also means the same thing.

J'aime bien les sciences. Je suis très fort(e) en biologie et en chimie en particulière. En plus le prof de biologie est marrant. Ma matière préférée c'est l'histoire-géo parce que c'est intéressant et utile. Je n'aime pas le dessin parce que, à mon avis, c'est barbant. Je déteste la technologie car je suis nul(le) en toutes les matières pratiques.

Pourquoi as-tu choisi d'étudier le français?

Tip
This is an opportunity to use a perfect tense in a different setting, i.e. explaining your subject choices. Play up languages as examiners like to hear positive things as much as possible. This is also an opportunity to talk about future plans. If the examiner has a later question to test that element they are well within their rights to adapt it.

J'ai choisi le français parce que c'est une matière que j'adore. C'est génial parce que je peux parler français quand je vais en France avec ma famille. J'ai l'intention de continuer mes études au lycée l'année prochaine, et j'irai peut-être à la fac. J'aimerais travailler à l'étranger.

Quelles sont les différences entre les écoles en France et en Angleterre?

Tip
Sometimes you may need to apply what you have learned to a slightly different angle on a topic. Here drawing a comparison allows for the use of comparative language, but also for you to talk about what you know about the system in France. If you have personal experience such as an exchange visit, talk about it!

En Angleterre on doit porter un uniforme scolaire, mais en France on peut porter n'importe quoi. J'ai fait un échange scolaire et j'ai remarqué qu'il y a moins de technologie dans les cours. Les journées scolaires sont plus longues en France. On commence à huit heures et on finit à dix-sept heures. C'est une longue journée, je préfère la journée scolaire ici!

À ton avis, quelles sont les pressions pour les élèves dans ton collège?

Tip
A question such as this allows for a range of structures as there is no tense or structured argument necessary. Take a point of view and stick to it. This candidate has used a modal verb (**devoir** – to have to) as well as structures such as '**il faut** – it is necessary'. These mean the same thing but demonstrate that this candidate has a good range of language.

Il faut faire trop de devoirs chaque nuit. Moi, je vais passer mes examens cette été donc si on va réussir on doit faire des longues heures de révision. Même le week-end! Je dois réussir parce que j'ai l'intention d'aller au lycée l'année prochaine.

Qu'est-ce que tu vas étudier au lycée l'année prochaine? / As-tu l'intention d'aller au lycée l'année prochaine?

Tip
These questions are testing the future tense so this candidate has demonstrated a number of ways of indicating the future. Reasons for choices are given too, with 'car' replacing 'parce que' to demonstrate variety.

J'adore les langues donc j'aimerais étudier l'espagnol et le français. C'est important pour moi car après le lycée je voudrais prendre une année sabbatique. Je vais voyager donc je voudrais parler des langues étrangères. Je laisserai tomber mes autres matières sauf les maths.

Comment serait ton emploi idéal?

Tip
A question such as this opens up the possibility to be creative and a bit zany. This candidate has talked about the dream features as one would expect of a teenager. However, the candidate then comes back to what is important and what his or her own family does.

Mon emploi idéal sera évidemment bien payé! Je voudrais avoir une grande maison au bord de la mer et une voiture de luxe. Mais il est important que c'est un boulot varié et enrichissant. Ce que j'espère, c'est que je travaillerai à mon compte et que je voyagerai un peu. Mon père est patron de sa propre entreprise et j'espère faire quelque chose de semblable. J'aurai une famille et je ferai ce qui me rend heureux(euse).

Pages 51–67

Higher Tier Paper 3 Reading – Mark Scheme

Section A Questions and answers in English

1.1 C [1], D [1]; **1.2** B [1], D [1]
2.1 A + B [1]; **2.2** A [1]; **2.3** B [1]; **2.4** B [1]
3.1 she doesn't like it [1]; **3.2** he is annoyed [1]; **3.3** because children (accept we) grow up too fast [1]
4.1 B [1]; **4.2** One of: They want to laugh (at Nicolas) / have a laugh; Nicolas looks like a puppet / clown when he has been to the hairdresser's; they want to see how the hairdresser does it [1].
4.3 Rufus says he will tell / complain to his father, who is a policeman [1]; **4.4** C [1]
5.1 That his school is much cleaner [1]; **5.2** not very happy / they were a waste of money [1]; **5.3** there were already enough bins [1]; **5.4** they are lazy [1]
6.1 C [1]; **6.2** C [1]; **6.3** A [1]; **6.4** B [1]
7.1 She agrees with it. [1] **7.2** Internet access makes it easy to cheat (in class / in exams), because you can find information about everything (quickly). [1]
8.1 less than half [1]; **8.2** the difference between the sexes / boys and girls [1]; **8.3.** they have a negative image / opinion of physical activity [1]; **8.4.** B [1]
9.1

	Reason	Complaint
Mobile phones not allowed in class	A distraction [1]	Wants to look on the internet / use a calculator [1]

9.2

	Reason	Complaint
Pressures	Exams to pass [1]	Tired / long school days [1]

Section B Questions and answers in French

10. «Moi? Je [G] comme tout le monde moi…Tu promets de rentrer un peu plus [B] [1] que d'habitude?» «Oui», accepta Sébastien, «je rentrerai aussitôt que [H] [1] commencera à tomber. Pour Angelina et aussi parce que Belle doit manger son lard. Tu sais, je crois que maintenant elle ne chasse plus, elle préfère la soupe qu'Angelina lui [A] [1]! Je la pose tous les soirs au pied de l'escalier et [E] [1] il n'y a plus rien. Il n'y a pas longtemps de ça, tu sais, deux ou trois jours seulement. Avant elle [C] [1] mais elle ne touchait pas à la soupe.»

11.1 Il évite les produits qui sont plein de sucre. [1]
11.2 Fruits et légumes [1]; poisson [1]
11.3 C'est ennuyeux [1]
11.4 Il va jouer au foot [1]; il va nager un peu [1]
12.1 B [2]
12.2 A [2]
13.1 (2 from) Le bruit [1]; la circulation [1]; le loyer cher [1]; les rues sales [1]
13.2 (1 from) Transport moins fréquent [1]; besoin de voyager en voiture [1]

Section C Translation into English

Nous allons de temps en temps	From time to time / sometimes / now and then we go [1]
aux grands concerts à Paris,	to large / big concerts in Paris [1]
parce qu'on peut toujours voir	because we / you / one / people can always see [1]
les groupes les plus populaires.	the most popular groups. [1]
La dernière fois que j'y suis allé,	The last time that I went there [1]
on a utilisé les transports en commun	we / I used public transport [1]
pour arriver au stade.	to get to the stadium [1]
Même si c'est pire pour l'environnement,	Even if it's worse for the environment, [1]
mes amis préféreraient prendre un taxi à l'avenir!	my friends would prefer to take a / go by taxi in future! [1]

Pages 68–71

Higher Tier Paper 4 Writing – Mark Scheme

Question 1

> **Tip**
> This type of question asks for a lot of information in comparatively few words. It does not matter if you go a little over but do not spend time counting words. Get a feel for what 90 words looks like in advance. Then, when completing the question stick to the point.

It is vital that you answer each part of the question, even if only to give an opinion or fact. The bullet points will guide you into doing things that the examiner wants to see. For example, here the last two points are looking for the use of tenses. This will often be the case.

Example answer:

Ma matière préférée à l'école est la chimie parce que je suis fort en sciences et que c'est pratique et intéressant. J'aime aussi l'espagnol parce que mon prof est super marrant! L'école est grande et il y a neuf cents élèves. Les profs sont habiles et agréables mais le proviseur est très sévère. Hier j'ai commencé à neuf heures par deux heures de sciences. Après la récré on a eu un cours de maths puis d'anglais. Après avoir mangé j'ai eu une heure de musique.
L'année prochaine je vais continuer mes études au lycée où je ferai des sciences et du français. [16]

Question 2

Example answer:

Mes vacances
Ce que j'aime le plus (1) c'est me promener **en plein air (2)** <u>surtout</u> **si (3) nous allons (4)** à la montagne. Ce

qui me plaît (5) aussi c'est de découvrir la région **où (6)** nous sommes, <u>alors</u> je visite <u>souvent</u> des sites historiques **comme (7)** les églises ou les châteaux. **Je ne pourrais pas (8)** passer mes vacances à **ne rien faire (9)** <u>car</u> <u>pour moi</u> les vacances c'est pour découvrir! Je ne comprends pas les gens **qui (10)** passent des heures sur la plage. Moi, **je trouverais (11)** ça <u>très ennuyeux</u>. J'adore <u>aussi</u> **goûter (12)** aux spécialités de la région. Par exemple l'année dernière **nous avons passé (13)** nos vacances dans le sud de la France à Carcassonne et **j'ai voulu goûter (14)** au cassoulet. Alors <u>nous sommes allés</u> dans **le meilleur (15)** restaurant de la ville <u>mais</u> **malheureusement (16) la soirée (17) a été (18)** un désastre! **J'ai commencé à (19)** <u>en</u> manger <u>mais aussitôt</u> **j'ai eu envie de vomir (20)**! **Nous avons dû (21)** quitter le restaurant très vite <u>car j'étais vraiment</u> malade! **Je ne mangerai plus jamais (22)** de cassoulet! [32]

Highlighted words = complex language

1 **Ce que j'aime le plus** what I like the most
2 **en plein air** outdoors
3 **si** if
4 **nous allons** 'we' form
5 **Ce qui me plaît** what I like
6 **où** where
7 **comme** like / such as
8 **Je ne pourrais pas** I couldn't – modal verb in the conditional tense
9 **ne rien faire** a negative with an infinitive
10 **qui** who, subordinate clause
11 **je trouverais** conditional tense to express an opinion
12 **goûter** to taste – original verb
13 **nous avons passé** perfect tense in the 'we' form
14 **j'ai voulu goûter** 2 verbs together – I wanted to try
15 **le meilleur** the best — superlative
16 **malheureusement** unfortunately
17 **la soirée** original vocabulary — the evening
18 **a été** perfect – was
19 **J'ai commencé à** a verb followed by a preposition – I started to
20 **j'ai eu envie de vomir** I felt sick – with <u>avoir envie de</u> + infinitive
21 **Nous avons dû** modal verb in the perfect tense in the 'we' form – we had to
22 **Je ne mangerai plus jamais** future tense with negative

Can you spot any other good language?
What can you say about the words or phrases that are underlined?
Are there any underlined words that you could improve?

Question 3

Example answer:

J'utilise les réseaux sociaux pour rester en contact avec mes ami(e)s / copains (copines). C'est très utile, parce qu'on peut (parce que tu peux / vous pouvez) envoyer des messages, ou partager des photos. Le week-end dernier, j'ai acheté une tablette qui est plus rapide que mon ordinateur et j'ai fait des recherches pour mes devoirs. Demain, je vais faire des achats en ligne et je voudrais / j'aimerais télécharger de la musique. [12]

Collins

GCSE
FRENCH

Higher Tier Paper 1 Listening Test Transcript

Section A	Questions and answers in **English**

01	F1	On vient de confirmer que le nombre de personnes qui sont sans emploi dans la région a augmenté le mois dernier et que ce sont surtout les jeunes qui ne trouvent pas de travail.
02	F1	Cette nuit un groupe de jeunes a cassé une fenêtre au premier étage de l'hôtel de la Place et a volé une somme d'argent importante. Ils ont été aperçus par des clients de l'hôtel.
03	F1	Cette semaine il va falloir être plus écolo et essayer de prendre les transports en commun ou marcher plus car un rapport nous montre que nous utilisons trop la voiture et que ce n'est pas bien pour notre ville et la planète!
04	F1	Finalement, n'oubliez pas d'envoyer vos noms et prénoms par e-mail pour essayer de gagner un séjour d'une semaine au Futuroscope pour quatre personnes. Vous avez jusqu'à ce soir minuit! Bonne chance.
05	M1	N'oubliez pas de vous inscrire à nos croisières sur le fleuve. Elles se déroulent chaque jour du mardi au dimanche, départ à dix heures.
06	M1	Vous pouvez réserver votre place en ligne ou à notre réception. Si vous le faites ici aujourd'hui vous aurez droit à une réduction de deux euros par adulte pour une croisière cette semaine.

07	M1	À bord, si vous ne voulez pas apporter votre propre nourriture, nous vous proposons une grande sélection de menus à tous les prix.
08	M1	Le Vélo'v permet aux personnes de louer un vélo en libre-service 24 heures sur 24 et 7 jours sur 7 depuis maintenant plus de 300 stations dans la ville de Lyon et le Vélo'v est de plus en plus apprécié, non seulement par les habitants mais aussi par ceux qui visitent la ville.
09	M1	Émeline, que pensez-vous du Vélo'v?
	F2	Je pense que le Vélo'v est un moyen efficace pour réduire la pollution et que c'est le moyen de transport le plus pratique puisqu'on peut le prendre où on veut et quand on veut. Mes amis pensent le contraire mais ils l'utilisent quand même de temps en temps.
10	M1	Mais beaucoup disent que c'est un système qui est assez cher et qui est dangereux.
	F2	Cher? Je ne suis pas d'accord. Il ne coûte presque rien comparé au prix des autres moyens de transport qui eux peuvent coûter une fortune aux utilisateurs.
		Dangereux…oui, on ne peut pas ignorer les problèmes de circulation. Pour encourager les gens à utiliser le vélo au lieu de la voiture, la ville a construit plus de pistes cyclables mais des collisions ont lieu le plus souvent dans les rues qui ne sont pas assez larges. Il est vrai que certaines pistes cyclables sont assez dangereuses.
11	M1	Le shopping en ligne devient très populaire. Pensez-vous que les achats en ligne pourraient remplacer le shopping en ville, Françoise?
	F2	Il est pratique d'acheter des choses en ligne (quand on habite loin des centres commerciaux), mais on ne peut pas les essayer.
12	M1	Et vous, Didier, qu'en pensez-vous?
	M2	Je trouve que c'est bien de pouvoir comparer les prix avant d'acheter quelque chose, mais ce que je n'apprécie pas, c'est quand il faut rester des heures à la maison à attendre la livraison!
13	F2	À mon avis la mode c'est la vie. Pour la plupart des ados, avoir un style, un look, c'est vraiment nécessaire. Ça donne plus de confiance en soi.

14	F3	La mode est une chose inutile pour moi, car chacun devrait s'habiller comme il le souhaite et non pas en suivant une mode. Et si tout le monde suivait la mode, nous serions tous vêtus de la même façon, ce qui serait comme un uniforme scolaire!
15	M1	Êtes-vous sportif, Pierre?
	M2	Au collège, je ne suis pas très sportif, car j'ai horreur des sports d'équipe. Pendant les grandes vacances, cependant, j'aime bien faire des sports nautiques. Cet été je voudrais essayer la planche à voile. Ce sera beaucoup plus amusant que le foot!
16	F1	Le 14 juillet, la fête nationale bat son plein à Paris. Du matin au soir, si vous êtes visiteur ou parisien, jeune ou pas si jeune, il y aura un programme varié pour tous les âges et tous les goûts à ne pas manquer!
		Le matin, le défilé militaire commencera à onze heures, après l'arrivée du président à 10h 20.
		Le soir, pour admirer le feu d'artifice dès 23h, on propose un dîner-croisière à bord d'un bateau sur la Seine. Ou, sans dépenser d'argent, la meilleure solution sera d'aller à l'un des parcs publics qui offre une vue magnifique sur la tour Eiffel.
17	F2	Les habitants de Neuvic sont inquiets à cause d'un projet proposé par la chaîne de supermarchés Leclerc qui veut construire un grand centre commercial, c'est-à-dire une grande surface à côté de la ville. Les habitants croient que les petits commerces vont souffrir.
	F2	Je suis avec Monsieur David, boulanger dans la ville et représentant des commerces locaux. Alors, Monsieur David, de quoi avez-vous peur?
	M1	Il est clair que le supermarché va offrir un grand choix de produits bon marché et que la plupart des gens y feront leurs courses. Ce qui n'est pas clair, c'est que ces produits ne seront probablement pas de la même qualité. En conséquence les petits commerces et les boutiques en ville finiront par fermer.
18	F2	Madame Félix, vous êtes employée chez Leclerc et chargée de faire construire ce centre. Vous pensez que la ville en bénéficiera?

	F1	Oui, à long terme, la ville deviendra plus forte. Écoutez, les centres commerciaux apportent avec eux de grands avantages. Plus de gens visitent la ville en passant et ils iront dans les petits commerces et les cafés. En plus, Leclerc va améliorer les routes et les transports en commun.
19	F2	Danny, tu viens de Neuvic et tu es étudiant dans un lycée de Périgueux. Qu'en penses-tu?
	M2	Pour moi c'est un compromis dont on a besoin parce que les habitudes envers le shopping ont changé. La ville doit souhaiter la bienvenue aux grandes surfaces parce que cela va apporter des emplois et de nouvelles maisons. Mais en même temps le supermarché doit encourager ses clients à venir ici, dans la vieille ville, grâce à de la publicité gratuite.
20	F3	Vous êtes tenté par les cigarettes? C'est cool, hé? Vos amis achètent des cigarettes électroniques? «Ah» disent-ils, «Ce n'est pas dangereux. Mon grand-père fume depuis toujours… Mon père a renoncé au tabac mais a choisi la cigarette électronique pour avoir toujours l'impression de fumer!» Ne les écoutez pas! Le tabac provoque des cancers. La cigarette électronique…qui sait? Soyez-en certains. Évitez de fumer. Électrique ou pas.
21	M2	Vous savez combien de tasses de sucres il y a dans cette cannette de soda?
	M3	Oui, mais ce n'est pas grave, je fais du sport, moi.
	M2	Vous savez que plus de jeunes sont obèses que jamais?
	M3	Non, ce n'est pas vrai!
	M2	Si! Et en plus, ce n'est pas du tout bon pour les dents…
	M3	Et alors…?
	M2	Essayez/Buvez de l'eau minérale. C'est bon pour la santé…et c'est français!
	M3	Oh là là, ben oui…
22	F1	Lucas, que fais-tu ici en Côte d'Ivoire?
	M1	En ce moment je fais une année sabbatique. Je suis en train d'étudier pour devenir médecin et j'ai décidé de venir ici avant de commencer mes deux dernières années parce que j'ai vu à la télé des images qui m'ont choqué. Ces gens ont besoin d'aide médicale, donc je suis venu ici comme bénévole. C'est une mission organisée par une association caritative.

Section B   Questions and answers in **French**

23   **F1**   Maxime, tes rapports avec tes parents, ils sont comment?

    M2   Ils ne sont pas toujours faciles. Mes parents sont divorcés et j'habite chez ma mère. Mon père s'est remarié il y a deux ans et depuis, je ne le vois que rarement. Il s'intéresse plus à sa nouvelle famille, car il a eu un enfant avec ma belle-mère. Quand on se voit, mon père n'a pratiquement rien à me dire. Je trouve ça triste, puisqu'avant le divorce, on avait beaucoup de choses en commun.

24   **F1**   Et les relations avec ta mère, elles sont comment?

    M2   Je m'entends mieux avec elle qu'avec mon père. Le problème, c'est que, depuis le divorce, elle doit gagner plus d'argent, donc ses horaires de travail sont plutôt longs et elle est souvent fatiguée. En général, on s'entend bien ensemble et je sais que je peux me confier à elle. Mais de temps en temps elle se fâche contre moi, par exemple à cause des tâches ménagères que je n'ai pas faites, ou parfois si je n'ai pas assez bien travaillé au collège.

25   **M3**   Nabila, que penses-tu des réseaux sociaux?

    F3   Pour mes amis et moi, Facebook, c'est l'invention la plus importante du siècle! On peut tenir ses amis au courant de ce qu'on fait en envoyant des messages et en partageant des photos ou des vidéos. Je l'utilise pour rester en contact avec les autres, puisqu'il est si facile de se retrouver en ligne à tout moment. C'est vraiment le meilleur moyen de communication pour moi.

       Et toi, Malik, qu'est-ce que tu en penses?

    M3   Il est évident que les réseaux sociaux sont très populaires, et pas seulement chez les jeunes. Mais je pense que les gens y passent trop de temps, au lieu de se retrouver en personne et de parler face-à-face. De plus, ça devient trop souvent un concours de popularité – «Tu as combien d'amis sur Facebook?», «Moi, j'en ai trente, quarante, cinquante», etc. Et le cyberharcèlement est un gros problème de nos jours, parce qu'il est trop facile d'écrire quelque chose de méchant en ligne et de rester anonyme.

26   **F1**   Il ne faut jamais partager son mot de passe avec les autres, même avec ses amis. Il est très important aussi de ne pas garder trop longtemps le même mot de passe, parce qu'il peut être découvert. Changez-le une fois par mois.

   M1   Il faut toujours savoir avec qui on parle en ligne et refuser le contact si on ne reconnaît pas le nom ou l'adresse e-mail de l'envoyeur. Si vous recevez un document en ligne d'une source inconnue, surtout ne pas l'ouvrir, car il peut contenir un virus dangereux pour votre ordinateur.

END OF TEST

Acknowledgements

The authors and publisher are grateful to the copyright holders for permission to use quoted materials and images.

P.55 R.Goscinny et J-J.Sempé, *Histoires inédites du Petit Nicolas – volume 2* (IMAV éditions, 2006)

P.63 Belle et Sébastien by Cécile Aubry (Hachette Livre)

All images are ©Shutterstock.com

Every effort has been made to trace copyright holders and obtain their permission for the use of copyright material. The authors and publisher will gladly receive information enabling them to rectify any error or omission in subsequent editions. All facts are correct at time of going to press.

Published by Collins
An imprint of HarperCollins*Publishers* Ltd
1 London Bridge Street
London SE1 9GF

HarperCollins*Publishers*
Macken House
39/40 Mayor Street Upper
Dublin 1
D01 C9W8
Ireland

© HarperCollins*Publishers* Limited 2020

ISBN 9780008326760

Content first published 2016
This edition published 2020

10 9 8 7 6

British Library Cataloguing in Publication Data.

A CIP record of this book is available from the British Library.

Commissioning Editor: Fiona Burns

Authors: Clive Bell, Karine Harrington, Robert Pike and Vanessa Salter
Project Leader: Clare Souza
Editorial: Roda Morrison and Huw Jones
Cover Design: Sarah Duxbury and Kevin Robbins
Inside Concept Design: Sarah Duxbury and Paul Oates
Text Design and Layout: Jouve
Production: Lyndsey Rogers
Printed in Great Britain by Ashford Colour Press Ltd.

MIX
Paper | Supporting responsible forestry
FSC™ C007454
www.fsc.org

This book contains FSC™ certified paper and other controlled sources to ensure responsible forest management.

For more information visit: www.harpercollins.co.uk/green